konsek.	konsekutiv
konz.	konzessiv
lat.	lateinisch
lit.	literarisch
m.	maskulin
mhd.	mittelhochdeutsch
n.	neutrum
n. Chr.	nach Christus
NT	Neues Testament
Obj.	Objekt
Pl.	Plural
Präp.	Präposition
röm.	römisch
RS	Relativsatz
Sat.	Satiren
Sg.	Singular
s.o.	siehe oben
sog.	so genannt
Subj.	Subjekt
Subst.	Substantiv
subst.	substantivisch
u.a.	unter anderen
v. Chr.	vor Christus
vgl.	vergleiche
WDH	Wiederholung
z.T.	zum Teil

Vorwort

Dass Fabeln geeignet sind, an Literatur heranzuführen, wussten schon die Griechen und Römer, in deren Ausbildungsordnung zum Redner Fabelsammlungen eine bedeutsame Rolle spielten. Ihres propädeutischen Charakters wegen waren Fabeln auch im Mittelalter geschätzte Schullektüre, und es ist auch gewiss kein Zufall, dass am Anfang der Buchdruckerzeugnisse vieler europäischer Nationalsprachen neben der Bibel eben auch Fabelsammlungen stehen.

Aus mehreren Gründen eignet sich daher gerade der Fabeldichter Phaedrus im Lateinunterricht als Einstieg in lateinische Literatur überhaupt, aber auch in lateinische Dichtung im Besonderen.

Seine klare, unkomplizierte Sprache vermittelt erste und schon weiterführende Schritte in die Literatursprache, die Fabeln sind überschaubar, inhaltlich abwechslungsreich, übersichtlich strukturiert und regen zu Reflexionen über den Menschen und über den Sinn des Lebens an, ja sie geben schon erste Einblicke in die kynisch-stoische Philosophie der Kaiserzeit.

Phaedrus ist auch deswegen als Schulautor geeignet, weil an ihm drei literarhistorische Prozesse exemplarisch dargestellt werden können:

1. der Prozess der **Rezeption griechischer Literatur durch die Römer** (imitatio) und damit das Aufzeigen der Abhängigkeit römischer Literatur von der griechischen Literatur.

2. der Prozess der **Adaption**, d.h. des Strebens (aemulatio) mit der griechischen Vorlage zu konkurrieren und gleichzeitig zu versuchen, etwas eigenständig »Römisches« zu schaffen.

3. der Prozess der **Rezeption lateinischer Literatur durch die europäischen Nationalsprachen.**

Langjährige Unterrichtserfahrungen zeigen, dass der jambische Senar als Einführung in die Metrik sehr wohl mit dem Hexameter konkurrieren kann, da bei Phaedrus die Auflösungsmöglichkeiten im jambischen Senar im Vergleich zu Plautus und

Terenz stark eingeschränkt sind. So kann an Phaedrus das ganze Repertoire des prosodischen Regelwerks und der literarischen Stilelemente exemplarisch gelernt und geübt werden.

Die vorliegende Ausgabe orientiert sich in der Auswahl weitgehend an der Ausgabe von Otto Leggewie, Verlag Aschendorff (Münster 1972), in der Textgestaltung an: A. Guaglianone, Phaedri Augusti liberti liber fabularum, Turin 1972. Nur in wenigen Fällen habe ich die Abweichungen der Tusculumausgabe von 1996 übernommen.

Neu hinzugekommen sind: **I** 6, 22 – **II** Prolog, 4, 5, Epilog – **III** 2, 5, 6, 18, 19 – **IV** 1, 2, 8, 17, 18, 24 – aus der **Appendix Perottina** 13 Fabeln. Entfallen sind: **I** 25 – **III** 14, 17, 19 – **V** 5, 7 – **Appendix** 23. Abweichende Gedichtzählungen liegen in folgenden Fällen vor: Tusculum IV 20 = Leggewie IV 19; Tusculum IV 23 = Leggewie IV 22.

Der Anhang »Rezeption der Fabel in der europäischen Literatur« wurde wesentlich gekürzt. Von den ausgewählten Autoren wurde immer nur ein Beispiel gewählt. Fremdsprachige Texte werden (außer russisch und altgriechisch) in bilinguer Fassung geboten.

Ganz neu gefasst wurden: **die Einleitung**, die sich in wesentlichen Ergebnissen an N. Holzberg, Die antike Fabel, Darmstadt 1993 und Harry C. Schnur, Lateinische Fabeln des Mittelalters, München 1978 orientiert, **die Ausführungen zu Sprache und Stil des Phaedrus** und **das Literaturverzeichnis**.

Neu sind ebenfalls die eigens für diese Ausgabe von meiner Tochter Eva gestalteten **Zeichnungen** zu einzelnen Fabeln.

Der **Kommentar** zu den einzelnen Fabeln wurde **neu konzipiert**. Jeder Fabel sind zum Vokabeltraining oder zur häuslichen Präparation für die nächste Unterrichtsstunde neben der Sigle ***WDH*** (Wiederholung) Vokabeln vorangestellt, deren Auswahl sich an dem Klett-Grundwortschatz orientiert. Ein Pfeil (→) verweist auf die Ausführungen zur Sprache des Autors. Dieses Verfahren entlastet den Kommentar, weil der entsprechende sprachliche Hinweis nicht jedes Mal suo loco angebracht werden muss.

Der Kommentar verwendet nur sehr wenige Abkürzungen. Die häufigsten sind: **erg**: = ergänze – **RS** = Relativsatz – **FS** = Fragesatz.

Neu gefasst wurde der Abschnitt zur **Metrik**. In der Praxis hat es sich bewährt, den Schülerinnen und Schülern zur metrischen Analyse der Fabeln ein Schema vorzulegen, wie es in der Darstellung der Metrik unter dem Punkt 7 am Beispiel des Prologs zum 1. Buch vorgeführt wird. Um bei der »Quantitätensuche« ein Zeit raubendes Blättern im Lexikon zu ersparen, sind bei den Fabeln durchgehend naturlange Vokale mit einem Längenzeichen versehen.

Das **Kleine Lexikon der rhetorischen Stilmittel** informiert alphabetisch über die wichtigsten Stilmittel. Es wurden mit Angabe der Quelle alle lateinischen Beispiele aus Phaedrus zitiert.

Neu sind auch die Vorschläge zur **Textbearbeitung** für die Mehrzahl der Fabeln. Es bleibt natürlich den Fachkolleginnen und Fachkollegen überlassen, wie weit sie – wenn überhaupt – dieses Angebot nutzen.

Die **Texte der europäischen Fabelliteratur** bieten die Möglichkeit zu komparativer Literaturbetrachtung. Es wurde hierbei, um jeden Eindruck von Gängelei zu vermeiden, bewusst auf die Formulierung von Fragen verzichtet.

Zum Schluss möchte ich noch danken:

- meiner Frau dafür, dass sie mit ihrem Lateinkurs 11 am Schlossgymnasium in Saarbrücken den Kommentar kritisch erprobt und mir viele Anregungen zu Verbesserungen gegeben hat.
- Den Schülern der Jahrgangsstufe 13 am Steinwaldgymnasium in Neunkirchen/Saar, mit denen ich in Klasse 11 die Texte ebenfalls erproben konnte.
- Meiner Tochter Eva für die Anfertigung der Zeichnungen

Quierschied, Januar 2001

Walter Siewert

Einleitung

1. Phaedrus – Leben und Werk

Zum Leben des Phaedrus, gr. Phaidros, der vielleicht mit vollem Namen C. Iulius Phaeder hieß – wenn man sich auf die für seinen Sohn bezeugte Inschrift C<aius> Iulius C<ai> F<ilius> PHAEDER beruft –, lassen sich nur wenige sichere Daten und Ereignisse ermitteln, und diese meist auch nur aus den Selbstzeugnissen in den Prologen zu seinen Fabelbüchern. Er wurde wohl zwischen 18 und 15 v. Chr. in Makedonien als Sohn einer Sklavin geboren. Im Zuge einer militärischen Unternehmung gelangte er nach Rom und wurde Sekretär des Kaisers Augustus. Spätestens mit dem Testament des Augustus wurde er freigelassen und könnte aus diesem Anlass seinen griechischen Namen »Phaidros« zu »Phaeder« latinisiert haben. Vor dem Jahre 31 n. Chr., dem Jahr, in dem Seianus, der mächtige Prätorianerpräfekt des Kaisers Tiberius, gestürzt wurde, veröffentlichte er seine beiden ersten Bücher der »fabulae Aesopiae«. Entweder weil in einer der Fabeln (II 5) der Kaiser selbst Gegenstand einer Anekdote war oder weil Seianus sich in einer Fabel (I 6) angegriffen fühlte, kam es zu einem Prozess, über dessen Urteil nichts bekannt ist. Nach dem Sturz des Seianus wurde Phaedrus rehabilitiert und fand in den Höflingen Eutychus und Periculo, denen er die Fabelbücher III – V widmete, Förderer am kaiserlichen Hof. Phaedrus starb in den fünfziger Jahren unter Claudius oder Nero.

Die Anerkennung als Dichter blieb Phaedrus zu Lebzeiten versagt. Weder der jüngere Seneca (4–65 n. Chr.) nahm ihn zur Kenntnis noch Quintilian (35–100 n. Chr.). Der eine stellt 43 n. Chr., also mindestens 12 Jahre nach Veröffentlichung der beiden Fabelbücher, fest, die Herausgabe einer lateinischen Sammlung aesopischer Fabeln stehe noch aus (De consolatione 8, 3: intemptatum Romanis ingeniis opus), der andere erwähnt im Kapitel über die Fabel nicht einmal seinen Namen (Inst. Orato-

ria V 11,19). Der Dichter Martial (40–102 n. Chr.) erwähnt die spöttischen Verse des kecken Phaedrus »… improbi iocos Phaedri« (III 20), und Avianus, ein Fabeldichter des 4./5. Jh., bezeugt lediglich, dass Phaedrus seine Fabeln in 5 Büchern herausgegeben habe.

Die »fabulae Aesopiae« enthalten 94 in jambischen Senaren, dem Versmaß der römischen Komödiendichter, verfasste lateinische Fabeln, die auf 5 Bücher verteilt sind. Hinzu kommen noch 31 Fabeln, die der Humanist Niccolò Perotti (1429–1480) ohne Rücksicht auf die Buchzählung in eine Anthologie von Phaedrusfabeln, die so genannte Appendix Perottina, aufgenommen hat, sowie 11 in Prosa aufgelöste Phaedrusfabeln in einem Kodex aus dem Jahr 1025, deren Originale nicht erhalten sind. Die Tatsache, dass die Appendix Perottina Fabeln enthält, die nicht in den 5 Fabelbüchern überliefert sind, lässt nur den Schluss zu, dass diese 5 Bücher nicht die vollständige Fabelsammlung des Phaedrus bieten. (Holzberg, Die antike Fabel, S. 3)

Mit der Komposition seiner Fabeln zu einem »Fabelkranz« steht Phaedrus ganz in der Tradition augusteischer Dichtung, besonders der Oden des Horaz. Wie Horaz den Ruhm beansprucht, *der* römischer Lyriker zu sein, so erhebt Phaedrus den Anspruch, *der* römische Fabeldichter zu sein. Und in der Tat hat er mit seiner Fabelsammlung die Fabel, die bisher nur im Rahmen anderer literarischer Textsorten als narratives Element aufgetreten war, zu einer *eigenen literarischen Gattung* mit maßgeblichen Einflüssen auf die Spätantike, das Mittelalter und die Neuzeit erhoben

Im Prolog zum 1. Fabelbuch schreibt Phaedrus, er habe die »materia, quam auctor Aesopus repperit« in jambischen Senaren aufpoliert. Mit »materia« meint er sicher eine hellenistische Fabelsammlung, die im 1. Jh. n. Chr. den Rhetoren der Kaiserzeit zur Verfügung gestanden hat, ähnlich den »syllogaí Aisopeíōn lógōn«, einer Sammlung von Fabeln Aesops, die dem Demetrios v. Phaleron (350–280 v. Chr.) zugeschrieben wird. Aus dem Prolog zum 2. Fabelbuch geht hervor, dass sich der Autor allmählich von seinem Vorbild Aesop löst; er bittet nämlich den Leser, wohlwollend zur Kenntnis zu nehmen, dass er zwischen aesopische Fabeln eigene Fabeln einschiebt. (II Prol. 9 ff: … mo-

rem servabo senis. Sed si libuerit aliquid interponere ... bonas in partes, lector, accipias velim.« Im Prolog zum vierten Buch unterscheidet Phaedrus explizit zwischen den »fabulae Aesopi« – den von Aesop übernommenen – und den »fabulae Aesopiae – Fabeln mit neuem Inhalt – (IV Prol. 10 f.) »... caperis fabulis, quas Aesopias, non Aesopi nomino«. Im Prolog zum 5. Buch erklärt er gar, er schiebe der Publikumswirkung wegen seinen Fabeln den Namen »Aesop« unter, wie zeitgenössische Bildhauer ihren Skulpturen den Namen »Praxiteles« der Umsatzsteigerung wegen (V Prol. 1–6): »Aesopi nomen sicubi interposuero ... ut quidam artifices nostro faciunt saeculo, qui pretium operibus maius inveniunt, novo si marmori scripserunt Praxitelen suo.«

So ist zu erklären, dass sich unter den Phaedrusfabeln oft auch solche Gedichte finden, die gar nicht der landläufigen »Fabel« zuzuordnen sind, etwa Anekdoten um historische Persönlichkeiten der Gegenwart und Vergangenheit, wie die über den übereifrigen Diener des Kaisers Tiberius (II 5), erotische, z.T. zotige Episoden, darunter die Versifizierung der berühmten Novelle von der »Witwe von Ephesos« (Perottina 15), theologisch-aitiologische Fabeln, wie die Erschaffung der »Lüge« (App. 5), aber auch philosophisch-moralische Reflexionen z.B. über den wertlosen Reichtum in der Art der kynisch-stoischen Diatribe (IV 12). Die Fabel »Die trunkene Alte« (III 1) könnte gar aus der Betrachtung der römischen Kopie einer berühmten hellenistischen Statue entstanden sein.

Gelegentlich wird Phaedrus von klassischen Philologen unter Berufung auf den Prolog zum Buch III unterstellt, er habe sich als Anwalt »der kleinen entrechteten Leute« verstanden. (O. Crusius, 1913, Th. Spoerri »Aufstand der Fabel 1942/43). Dem widerspricht aber ganz offensichtlich, dass in keiner Fabel des Phaedrus der »kleine Mann« dazu ermuntert wird, sich gegen die Mächtigen zu erheben. Im Gegenteil, der Rat, sich mit den Realitäten zu arrangieren, zieht sich durch alle Fabeln dieser Thematik. Auch seine Kritik an Menschen der besitzenden Schicht ist stets so formuliert, dass selbst seine Zeitgenossen nicht in der Lage waren, die kritisierten Personen zu identifizieren. Das bestätigt auch der Prolog zum 3. Buch, wenn er betont,

er beabsichtige mit seinen Fabeln keineswegs, bestimmte Personen bloßzustellen (III Prol. 49 ff.). Sicher passt die Äußerung im Epimythion der Fabel I 1, die Fabel sei wegen der Leute geschrieben, die »mit erfundenen Gründen Unschuldige unterdrücken« (I 1, 15), auf reiche Zeitgenossen, und es ist sehr gut vorstellbar, dass in einer Zeit, in der der Prinzipat schon tyrannische Formen, wie sie Tacitus in den Annalen beschreibt, annahm, sich Leute wie Seianus in einem der von Phaedrus bloßgestellten Menschentypen wiedererkannten. (Holzberg, S. 54/55)

Wenn auch Phaedrus die von ihm so ersehnte Anerkennung als Dichter zu Lebzeiten nicht erreicht hat, so wurde sie ihm doch nach seinem Tode indirekt durch das Weiterleben der Fabeln im Mittelalter, namentlich der Sammlung des »**Aesopus Latinus**«, in reichem Maße zuteil. Ohne Zweifel gebührt ihm das Verdienst, der Fabel den »Gebrauchscharakter« im Rahmen der verschiedenen literarischen Gattungen genommen und sie zu einer eigenständigen literarischen Gattung gemacht zu haben. Ohne ihn wäre die europäische Fabelliteratur nicht vorstellbar.

2. Aesop – Babrios – Avian

Natürlich kann eine Einführung in die Geschichte der Fabel nicht an **Aesop** vorübergehen, um dessen Namen sich unendliche Legenden gebildet haben. Die Wissenschaft ist über seine Historizität zerstritten: Betrachten ihn die einen als einen Mann, der aus dem kleinasiatischen Phrygien stammt, einem Land, das dem babylonisch-assyrischen Kulturkreis benachbart ist, für den schon sehr früh Fabeln bezeugt sind, so sehen andere in ihm die mythifizierte Personifikation eines hellenisierten Geschichtenerzählers aus dem kleinasiatischen Raum. Verfechter der ersten These setzen seine Lebenszeit in die Jahre 620–561 v. Chr. (Holzberg, l.c. S. 17). Nach dem von einem unbekannten griechischen Autor verfassten **Aesoproman** verlief Aesops Leben etwa in folgenden Zügen:

Der stumm geborene und missgestaltete phrygische Sklave Aisopos erhält zu Beginn der Romanhandlung wegen einer frommen Tat von der Göttin Isis seine Sprache wieder und wird

von den Musen mit besonderer Wortgewandtheit beschenkt. Auf der Insel Samos steht er im Dienst des Philosophen Xanthos, dem er viele derbe Streiche spielt. Nachdem er seinem Herrn mehrfach aus einer schwierigen Lage geholfen und durch die richtige Deutung eines Vogelzeichens die Eroberung der Insel durch den Lyderkönig Kroisos verhindert hat, wird er freigelassen. Danach begibt sich Aisopos nach Babylon und verhilft dessen König zur Lösung kniffliger Rätselaufgaben, wie sie orientalische Herrscher einander gerne stellen. Dadurch verschafft er dem babylonischen König hohe Tributzahlungen des ägyptischen Königs. Bei einer anschließenden Reise durch Griechenland gibt er glanzvolle Proben seiner Talents als logopoiós (Fabelerzähler), beleidigt aber auf seiner Tournee die Bewohner von Delphi mit einer Fabel. Daraufhin schmuggeln ihm die Apollonpriester heimlich eine goldene Schale ins Gepäck. Der »Diebstahl« wird entdeckt, Aisopos wird wegen Tempelraubs zum Tode verurteilt und von einem Felsabhang gestürzt. Die Götter ahnden den Frevel, indem sie eine Seuche schicken. Kurz darauf wird Delphi von einer Strafexpedition der vereinten Griechen, Babylonier und Samier heimgesucht. (Holzberg, 85/86)

Viele griechische Handschriften aus dem 10.–16. Jh. enthalten unter dem Namen Aesops ein Fabelcorpus, unter denen die **Augustana-Sammlung** aus dem 10. Jh. 244 Fabeln enthält. Dem Fabelkorpus wird oft eine fiktionale Aesop-Vita, der sog. **Aesoproman,** vorausgeschickt. Vielleicht darf man die Hypothese wagen, dass der Aesoproman und die Fabelsammlung auf ein einziges Buch zurückgehen, dessen unbekannter Verfasser die Absicht hatte, dem griechischen Leser in einer Art »Werkausgabe« Leben und Fabeln des Aesop zu bieten. Der vielleicht in die frühe Kaiserzeit zu datierende Roman gehört neben den »Satyrica« des Petron (gest. 66 n. Chr.) und den »Metamorphosen« des Apuleius (1./2. Jh. n. Chr.) zu den antiken Vorläufern des »Schelmenromans«. (Holzberg, S. 80).

Im 2./3. Jh. n. Chr. veröffentlichte ein **hellenisierter Römer** mit Namen **Valerius** (?) **Babrios** in Anlehnung an den hellenistischen Dichter Kallimachos (300–240 v. Chr) seine »**mythiamboi**«, eine Sammlung von **144 griechischen Fabeln in Hinkjamben**, die in alphabetischer Reihenfolge nach ihrem Anfangs-

buchstaben geordnet sind. Sein Selbstzeugnis, er kenne die Wesensart der Araber aus eigener Anschauung (II Prol. 1–3) und wisse, dass die Fabel eine Erfindung der Babylonier sei (Fabel 57), legt die Vermutung nahe, dass der Autor am Hof eines regulus (Kleinkönig) von römischen Gnaden in der östlichen Hälfte des römischen Reiches – vielleicht Syrien – als Prinzenerzieher gewirkt hat. (Holzberg, S. 65/66) Zu diesen 144 Fabeln kommen noch Prosaadaptionen weiterer 21 Babrios-Fabeln. 93 Fabeln gehen auf eine Aisop-Sammlung zurück, 72 sind Eigenschöpfung. Während Phaedrus in seinen Fabeln sozialkritischen Inhalts Sympathie für die Ohnmacht der »Kleinen« gegenüber den »Großen« zeigt, steht Babrios auf der Seite der Herrschenden, denen er jedoch Gewaltverzicht empfiehlt. Die »kleinen Leute«, die sich nicht mit ihrem Stand abfinden wollen, werden von Babrios lächerlich gemacht. (Holzberg, S. 68)

Babriosfabeln wurden im **3./4. Jh.** verarbeitet in den **Pseudo-Dositheana Hermeneumata**, einer zweisprachigen Grammatik für den Lateinunterricht von Griechen, die fälschlich dem Grammatiker **Dositheus** zugesprochen wird, und in den **Progymnasmata** des **Aphthonios**, eines Rhetors aus dem 4. Jh.

Um 350 n. Chr. entstand der sog. **Aesopus Latinus**, die lateinische Fassung der Aesopfabeln. Dessen unbekannter Autor schickte den Fabeln ein Widmungsschreiben des »Aesopus« an einen »Rufus« (die lat. Form zu Xanthos) voraus, um die »Authentizität« des Geschriebenen zu bekräftigen. Dieser »lateinische« Aesop ist aber nichts anderes als eine **Prosafassung der fabulae Aesopiae des Phaedrus**.

Um 400 n. Chr. gab der römische Dichter **Avianus** 42 Fabeln in lateinischen elegischen Distichen heraus, die ihrerseits durch Umformung und »Aufblähung« von lateinischen Prosafassungen der Fabeln des Babrios entstanden sind. Wie der den Fabeln vorausgeschickte Widmungsbrief bezeugt, sind sie einem »Theodosius« gewidmet, den Avian als Meister in der Rhetorik und der Dichtung preist. In der Widmungsepistel sagt er, er habe in seinem Buch Fabeln »in rohem Latein« – der typische Bescheidenheits-Topos in Form der captatio benevolentiae – im elegischen Versmaß wiedergegeben: »... quas rudi Latinitate compositas elegis sum explicare conatus«. Seinen Fabeln fehlt jedoch der

belehrende Charakter, ihm geht es vor allem um den Beweis seiner Kunstfertigkeit und den Reiz, durch die Verwendung des in Fabeln bisher ungebräuchlichen elegischen Distichons einen neuen Fabeltyp zu schaffen. Die Identität der Widmungsperson Theodosius ist umstritten: Die einen identifizieren ihn mit Macrobius Ambrosius Theodosius, dem um 400 lebenden Verfasser des Kommentars zu Ciceros »somnium Scipionis«, andere mit dem Kaiser Theodosius II. (408–450 n. Chr.), einem äußerst gelehrten und literarisch versierten Herrscher, der 425 die Universität von Konstantinopel gründete. (Holzberg, S. 76/77)

Im Mittelalter gerieten Phaedrus und Babrios in Vergessenheit, Avians elegische Fabeln aber waren – vor allem als Schullektüre – äußerst beliebt.

Um 500 n. Chr. entstand der sog. »**Romulus**«, in dem ein weiterer unbekannter Autor den lateinischen Prosa-Phaedrus durch Fabeln anderer Erzähler erweiterte. Um seinerseits die »Echtheit« dieses Werkes zu beglaubigen, setzte er das Widmungsschreiben eines »Romulus« an seinen Sohn »Tiberinus« voran, als habe kein geringerer als der Stadtgründer Roms selbst den Aesop ins Lateinische übersetzt. (N. Holzberg, S. 109)

2. Herkunft und Entwicklungsgeschichte der Fabel

Fabel ist ein Lehnwort aus dem lateinischen »fabula« (<fari sprechen) und gibt die griechischen termini »lógos«, »mythos« und »ainos« wieder, die alle die Bedeutung »Erzählung« haben. Trotzdem sind Fabeln keine griechische Erfindung, denn sie lassen sich auch bei den Hebräern, Assyrern, Babyloniern, Ägyptern und Indern nachweisen. Zu Beginn ihres ersten literarischen Auftretens bei den Griechen (Hesiod um 700 v. Chr.) und den Römern (Ennius 239–169 v. Chr.) – die mündliche Tradition dürfte wesentlich älter sein – ist die Fabel **keine eigenständige literarische Gattung** wie das Epos, das Drama, die Lyrik oder das Epigramm, sondern ein Text, der bis zum Ausgang des Altertums in Dichtung und Prosa genutzt wurde, um in **erzählerischer Form** Aussagen so zu **exemplifizieren**, dass auch »Bauern und Ungebildete«, wie Quintilian in seiner institutio oratoria V 11, 19

schreibt, die Aussageintention des Autors verstanden. So erstaunt es auch nicht, dass neben dem Wort »fabula« im Lat. sehr oft der Begriff »exemplum« zur Bezeichnung einer Fabel verwendet wird. Dem entspricht genau das mhd. Wort »bispel« (> Beispiel) zur Bezeichnung einer lehrhaften Erzählung. Als ältestes Beispiel in griechischer Literatur findet sich die Fabel von »Nachtigall und Habicht« in Hesiods Lehrgedicht »erga kai hemerai« (Werke und Tage, um 700 v. Chr.). Das berühmteste Beispiel (aber nicht das älteste) in der lat. Literatur findet sich in Livius' (59 v. – 17 n. Chr.) historiographischem Werk »ab urbe condita« mit der Fabel vom »Aufstand der Glieder gegen den Magen«, die der Patrizier Menenius Agrippa zur Beschwichtigung der plebs erzählt (II 32, 8 ff). Solche illustrierenden exempla treten in den verschiedensten literarischen Gattungen auf:

1. als **längere, ausführliche Erzählung**, wie sie Horaz mit der Fabel von der Stadt- und Landmaus an das Ende der Satire setzt (sat. II 6, 79–117). Mit der Fabel will der cliens Horatius dem patronus Maecenas, ohne diesen vor den Kopf zu stoßen, klar machen, dass sich die Landmaus (= Horatius) von dem Pseudo-Epikureismus der Stadtmaus (= Maecenas) distanziert. (N. Holzberg, l.c. S. 39/40)

2. als **Kurzfassung** gibt Herodot (historiae I 141) in indirekter Rede die Fabel von den »tanzenden Fischen« wieder, mit der der Perserkönig Kyros den ionischen Gesandten seine Verärgerung über die von Ionien zuvor verweigerte Unterwerfung ausdrückt. (N. Holzberg, l.c. S. 19)

3. Als **geflügeltes Wort zitiert** der Hausherr in der »cena Trimalchionis« des Petron (Satyricon libri 74, 13), wenn er seine Frau Fortunata als »rana inflata« beschimpft, die Fabel vom Frosch, der beim Versuch, einen Ochsen an Größe zu übertreffen, zerplatzt.

Die früheste literarhistorische Erwähnung der Fabel findet sich bei **Aristoteles** (384–322 v. Chr.) Der Philosoph zählt in seiner »Rhetorik« (1393a 23 – 1394a 8) das »Beispiel« (paradeigma) zu den Beweismitteln einer Rede. Als »Beispiel« führt er u.a. die **fiktionale Erzählung** in Form eines **Gleichnisses** oder einer **Fabel** (Holzberg, S. 13) an. In dieser Tradition steht auch die Fabeldefinition in den »Progymnásmata« des Rhetors **Theon**

(1./2. Jh. n. Chr.): »die Fabel ist eine fiktionale Erzählung, die eine (Lebens-)Wahrheit abbildet.« Dabei ist unter Wahrheit die Lehre zu verstehen, die aus der Fabel zu ziehen ist. (N. Holzberg, l.c. S. 22)

Der fiktionale Charakter stellt somit die Fabel in die Nähe des volkstümlichen Märchens, der belehrende Charakter stellt sie in die Nähe der Satire, wie die Fabeln in den Satiren des Ennius, Lucilius und vor allem des Horaz beweisen.

Wie alle volkstümliche Literatur – und dazu gehört die Fabel zweifellos – wurden Fabeln zunächst mündlich tradiert. Irgendwann einmal wurden sie »gesammelt« und schriftlich fixiert. Der erste namentlich fassbare »Sammler« ist nach einem Zeugnis des **Diogenes Laertios** (3. Jh. n. Chr.) **Demetrios von Phaleron** (350–280 v. Chr.) gewesen. Dieser war ein Schüler des Aristoteles und hat eine Sammlung aesopischer Fabeln publiziert (Holzberg, S. 24), die leider nicht erhalten ist. Da derselbe Demetrios nachweislich auch eine »Rhetorik« verfasst hat, ist anzunehmen, dass der Aristotelesschüler die Theorie seines Lehrers durch ein für die Praxis des Redners nützliches »promptuarium« (Handbuch) in die Praxis umgesetzt hat. Zwar wurden die Fabeln bei der Zusammenstellung zwangsweise aus ihrem situativen Kontext herausgerissen, sodass der Erzählanlass für die Fabel nicht mehr klar war, aber durch »Überschriften« zu den einzelnen Fabeltexten wurde dem Benutzer des Handbuchs angezeigt, welchen Gedanken man mit der jeweiligen Fabel illustrieren konnte. Diese Überschriften, die das »fabula docet« enthalten, bezeichnet man als »promythion«. Die Lehre konnte aber auch als »epimythion« ans Ende der Fabel gesetzt werden. Bisweilen wurden gar promythion und epimythion kombiniert. Man kann auch davon ausgehen, dass selbst bei namentlich bekannten Fabelautoren (Phaedrus, Babrios) manches »fabula docet« erst in späterer Zeit hinzugefügt worden ist.

Wenn auch die Sammlung des Demetrios nicht erhalten ist, so existiert doch das Handbuch eines unbekannten Autors aus dem 1. Jh. n. Chr. Dort sind Fabeln aneinander gereiht, wobei jede Fabel von einer stereotypen Wendung gerahmt wird: am Anfang steht die Formel: »auf den Menschentyp x/y passt die folgende Fabel«, und die Fabel klingt aus mit der Formel: »… die-

se Erkenntnis scheint er/sie ausgesprochen zu haben, indem er/sie sagte: Es folgt dann das »fabula docet«. (Holzberg, S. 27)

Im 1.–4. Jh. n. Chr. und sicher auch schon vorher, waren **Fabeln zentrale Übungsstücke** im Unterricht der **Rhetorenschule** der Kaiserzeit. Aus einer kurzen Notiz in Quintilians »institutio oratoria« (I 9, 2) ist zu folgern, dass in den römischen Rhetorenschulen der Kaiserzeit ähnlich verfahren wurde wie in den griechischen.

Danach war die Beschäftigung mit Fabeltexten Teil der »progymnasmata«, propädeutischer Übungen, die von Autoren wie Theon (s.o.) in Lehrbüchern gleichen Titels geschrieben wurden. Fabeln waren die ersten literarischen Texte, die die Schüler kennen lernten. An ihnen übten sie das Auswendiglernen und das Nacherzählen. Sie waren Gegenstand grammatischer und metrischer Übungen. Versfabeln wurden in Prosa aufgelöst oder dienten als Vorlagen für Übersetzungsübungen. Auf einer höheren Stufe wurden Stil, Inhalt und Anwendungsmöglichkeit der Fabel behandelt: Der Text wurde durch sorgfältige Charakterisierung der Handlungsträger und Ausmalen der Szenerie erweitert oder auf seinen Aussagekern reduziert. Am Ende stand die Fähigkeit, eine Fabel zur Illustration eines Gedankens effektvoll in eine Rede einzubauen, indem man das »fabula docet« zum Ausgangspunkt der Rede machte. Ein historisches Ereignis war zu finden, das zu dem »fabula docet« einer Fabel passte. Oder es war aus der Fabelhandlung eine andere als die vorgegebene Lehre zu entwickeln. Gipfel der Aufgabenstellung war schließlich, einen Lehrsatz zum Ausgangspunkt für das Erzählen einer ganz neuen Fabel zu machen. (N. Holzberg, l.c. S. 33/34)

Zu **Beginn des 9. Jh**. paraphrasierte ein byzantinischer Autor mit Namen **Ignatius Diakonos** Babrios-Fabeln in Tetrasticha (Vierzeiler). Mit ihm endet die Produktion von Fabeln des griechisch-römischen Altertums. Rhetorische Ausgestaltungen der Fabeln zu Unterrichtszwecken wurden im **12. Jh.** von **Nikephoros Basilakes** und im **13. Jh**. von **Gregorios von Kypros** geschaffen. Im Osten blieb der Aesoproman im gesamten byzantinischen Mittelalter ein beliebtes Volksbuch – Die **Latinisierung** des **griechischen Fabelcorpus der Aesopfabeln** und des

Aesopromans erfolgte erst **1474** mit der Mailänder Erstausgabe des Humanisten **Rinuccio d'Arezzo.** (P. Amelung: Der Ulmer Aesop, Graz 1995, S. 19)

Die **abendländisch-lateinische** Fabelüberlieferung stützte sich einerseits auf den **Aesopus Latinus** und auf **Avian**. Vor allem der **Romulus** wurde eifrig abgeschrieben. Nicht selten ging dabei **christliches Gedankengut** in die Fabelüberlieferung mit ein. So verwendete **Vincenz v. Beauvais** (1190–1264) Fabeln gerne dazu, die vielfach mehrere Stunden dauernden Predigten aufzulockern. (Irmscher, Antike Fabeln, S. XV ff)

Die Fabeln des **Romulus** reizten auch zu dichterischer Neugestaltung. So verfasste zur Übung des Prinzen Wilhelm von Sizilien der Kaplan des Königs Heinrich II. v. England (1154–1189) und spätere Erzbischof von Palermo, **Gualterus Anglicus,** 60 Fabeln in korrekten lateinischen Distichen, die als »**Esopus moralisatus**« neben Avian-Fabeln als Schullektüre eingesetzt und 1323 ins Französische, Englische, Italienische und Deutsche übersetzt wurden. Sein Landsmann **Alexander Neckam** (1157–1217) verfasste gleichfalls in lateinischen Distichen den »Novus Aesopus« und den unvollendeten »Novus Avianus«. Im 13./14. Jh. wurde der »Novus Aesopus« von einem unbekannten Verfasser ins Französische übertragen. Das Werk erhielt den Titel **Ysopet** (Les fables d'Ysopes, le philosophe). Ein sog. **Romulus anglicus-latinus**, dessen Verfasser unbekannt ist, wurde die Grundlage für die französische Versfassung von Fabeln der Autorin **Marie de France**, die, aus Frankreich stammend, im 12. Jh. am englischen Königshof lebte. Die mittelalterliche Fabel entwickelte sich in zwei Richtungen: (1) Sie wurde in das satirische **Tierepos** integriert, das aus der Fabeltradition die Tierpersönlichkeiten übernahm (der schlaue Fuchs, der grausame, aber dumme Wolf, der Löwe als König der Tiere) und den Handlungsträgern feststehende Namen gab: Reinhard (Reineke) der Fuchs, Isegrimm der Wolf, Bruno der Bär. Die Verfasser dieser Tierepen waren meist Mönche, Kleriker oder Vaganten. Ihre Dichtung hatte antifeudale und antiklerikale Tendenzen. (2) Sie wurde wie schon bei Vincenz von Beauvais für die **Predigt** genutzt. Die mittelalterliche **Predigtfabel** folgte hierbei dem Prinzip der von Origenes (185–254 n. Chr.) entwickelten allego-

rischen Bibelexegese. Die Fabel sollte entschlüsselt werden, da sie in Symbolen sprach und wie ein Rätsel wirkte. Die Deutung erfolgte »mystice« bzw. »spiritualiter«. Die Tiere handeln nicht mehr nach ihrer Eigenart, sondern verkörpern menschliche Eigenschaften: Sie verkleiden sich als Menschen, nehmen einander die Beichte ab, machen Geschäfte miteinander, zitieren heidnische Klassiker und die Bibel. Hauptvertreter dieser Predigtfabeln war der anglonormannische Zisterzienserabt **Odo von Cherington**, dessen Fabeln rasch weite Verbreitung fanden und bald ins Französische und Spanische übersetzt wurden. In ihnen werden vor allem die Laster und Schwächen des geistlichen Standes aufs Korn genommen. Aus dem 13. Jh. stammt das **Speculum sapientiae**«, das einem **Cyrillus de Quidenone** (aus Quidone bei Neapel) zugeschrieben wird, in dem die Tiere spitzfindige und scholastische Gedankenführungen an den Tag legen, die sich vom Aesopus Latinus weit entfernen. Aus dem 14. Jh. stammt der **Dialogus creaturarum** eines sonst unbekannten Autors mit Namen **Nicolaus Pergamenus**. In seinen Fabeln erörtern Tiere, Pflanzen, Menschen und personifizierte Gegenstände moralische Fragen. (Irmscher, l.c. S. XVI ff.)

Nach dem 14. Jh. übernahmen die **Nationalsprachen** und das sie tragende **Bürgertum** die Fabel und führten sie, indem sie wieder unmittelbar auf die antike Tradition zugriffen, zu neuer Blüte.

Noch im 14. Jh. verfasste der zwischen 1324 und 1349 als Dominikaner in Bern urkundlich bezeugte **Ulrich Boner** hundert gereimte Versfabeln, die er unter dem Titel »**Der Edelstein**« herausgab. Das Werk wurde 1461 in Bamberg gedruckt, es war eines der ersten deutschen Bücher und das erste datierte und illustrierte Buch überhaupt. In England brachte der erste englische Buchdrucker **William Caxton** (gest. 1491) die »Aesopischen Fabeln« heraus.

In **lateinischer und deutscher Sprache** gab **1476** der Ulmer Stadtarzt und Humanist **Heinrich Steinhöwel** (1412–1483) seinen »**Esopus**«, bekannt geworden als »Ulmer Äsop«, heraus, um den breitesten Schichten seines Volkes die neu entdeckten ethischen Werte der Antike zugänglich zu machen. In der Einleitung nennt er seine Absicht: »Im Bild der Tiere sollen die Men-

schen lernen, einander besser zu verstehen.« Der mit Holzschnitten illustrierte Ulmer Äsop wurde ins Französische, Englische, Spanische, Holländische und Tschechische übersetzt. Auch **Martin Luther** (1483–1546) fand im Aesopus Latinus »Nutz, Kunst und Weisheit« und übersetzte daraus 13 Fabeln, die erst **1557** gedruckt wurden. Während Luther die Fabeln im Dienste des bürgerlich-protestantischen Moralkodexes nutzte, nahmen seine Mitstreiter **Erasmus Alberus** (1500–1553) und **Burkhard Waldis** (1490–1556) die Fabeln zum Ausgangspunkt polemischer Zeitsatire. Von **Hans Sachs** (1494–1576), dem berühmtesten der Meistersinger, die eine Fülle von Fabelmotiven gestaltet haben, sind etwa 190 Fabelbearbeitungen bekannt.

In Italien nahmen sich **Leonardo da Vinci** (1452–1519) und **Gian Francesco Poggio Bracciolini** (1380–1459) der Fabel an. Vor allem aber der Franzose **Jean de La Fontaine** (1621–1695), Sohn eines bürgerlichen Forstmeisters, nutzte die Fabel als Waffe gegen den Adel und verschaffte ihr mit seinen »Fables« Weltgeltung. Als ideologische Waffe wurde sie auch von englischen und deutschen Dichtern der Aufklärung genutzt. In England waren es **John Gay** (1685– 732) mit seinen »Fabeln« und **Edward Moore** (1712–1757) mit seinen »Fabeln für das weibliche Geschlecht«. In Deutschland schrieb 1738 **Friedrich von Hagedorn** (1708–1754) seinen »Versuch in poetischen Fabeln und Erzählungen«. **Christian Fürchtegott Gellert** (1715–1759) veröffentlichte 1746 seine Fabeln, 1748 folgte **Magnus Gottfried Lichtwer** (1719–1783) mit »Vier Bücher äsopischer Fabeln«. 1759 veröffentlichte **Gotthold Ephraim Lessing** (1729–1781) seine »Fabeln. Drey Bücher nebst Abhandlungen mit dieser Dichtungsart verwandten Inhalts« und schuf 90 geistreiche, auf Kürze bedachte und treffsicher pointierte Prosafabeln. 1761 gab **Konrad Pfeffel** (1736–1809) seine »Poetischen Versuche in drey Bänden« heraus mit politisch-revolutionären Fabeln. 1796 folgte **Christian August Fischer** (1771–1829) mit seinen »Politischen Fabeln«. Im zaristischen Russland verband **Iwan Andrejewitsch Krylow** (1769–1844) in seinen » Fabeln« (1809–1843) die Ideen der Aufklärung mit sozialer Kritik (Irmscher, S. XVIII ff).

Auch im 20. Jahrhundert lebt die Fabel weiter. Stellvertretend seien genannt: der Amerikaner **James Thurber** (1894–

1961) mit »**Fables for our Time**« (1939) und »**Further Fables for our Time**« (1956), **Wolf Dietrich Schnurre** (1920–1989) mit »**Protest im Parterre**« (1957), »**Liebe, böse Welt**« (1957), »**Der Spatz in der Hand**« (1971), **Helmut Arntzen** (* 1931) »**Kurzer Prozess**«, Aphorismen und Fabeln (1966) und der italienische Autor **Carlo Alberto Salustri**, genannt **Trilussa** (1871–1950). Seine Fabeldichtungen erschienen 1951 postum unter dem Titel »Le Favole«. (G. Flemming, Phädrus, Fabeln, S. 12).

Metrik

1. Grundkenntnisse zur Metrik

Metrik ist in der Dichtung die Messung der Silbenquantitäten und der sich daraus ergebenden Festlegung der betonten Silben in einem Vers. Daher ist lat. Metrik **quantitierend**. Eine **kurze** Silbe (syllaba brevis) ist musikalisch vergleichbar mit einer **Achtelnote**. Die Kürze wird im metrischen Schema mit ∪ markiert. Eine Silbe ist kurz,

– wenn sie einen **naturkurzen Vokal** enthält:
  i-ter ∪ ∪
– wenn im Wort ein **Vokal vor einem Vokal** steht:
  ma-te-**ri**-a — ∪ ∪ ∪

Eine **lange** Silbe (syllaba longa) ist musikalisch vergleichbar mit einer **Viertelnote**. Die Länge wird im metrischen Schema mit — markiert Eine Silbe ist lang, wenn sie

– einen **naturlangen Vokal** enthält: vi-ta — ∪
– einen **Diphthong** enthält: **Ae**-so-pus — — ∪
– einen **naturkurzen Vokal vor mehr als einem Konsonanten** enthält. Dabei spielt die Wortgrenze keine Rolle (sog. Positionslänge): i-**ter** **lon**-**gum** ∪ — — ∪

Folgendes ist zu beachten:

– der **Anlaut h** zählt als **stummer Laut**
– **x** zählt als **Doppelkonsonant:** ve-**xa**-re — — ∪
– **anlautendes i vor Vokal** zählt als **Konsonant:**
  iam = **j**am **aber** I-ta-**li**-a
– **das auslautende -c** von **hoc** (Nom./Akk.Sg. n.) zählt als **Doppelkonsonant** (<*hodce)!
– Die Kombination **muta** + **liquida** (Gutturale **g, c, ch** – Dentale **d, t, th** – Labiale **b, p, ph**) + Liquida (**l, r**) **kann** – aber muss nicht – den **folgenden Kurzvokal längen**.
  pa-**tris** ∪ ∪ **oder** — ∪

Im gedruckten Text sind alle naturlangen Vokale mit Balken gekennzeichnet.

2. Betonung

Betont wird eine Silbe durch **Anheben der Stimme**. **Unbetont** bleibt eine Silbe durch **Absenken der Stimme**. Eine **Länge** kann in eine **Doppelkürze** (musikalisch = zwei Achtelnoten) **aufgelöst werden**. Eine **betonte** Silbe steht immer in der **Hebung**, eine **unbetonte** in der **Senkung**. Betont werden, d.h. einen Akzent (< lat. ad-cantus) tragen, können nur **lange** Silben oder bei Auflösung der Länge in eine **Doppelkürze** die **erste Kurzsilbe**.
lón-gum — ∪ í-ter ∪ ∪

3. Hiat, Synaloephe, Elision, Aphairese, Synize

– **Hiat** (lat. hiatus: Kluft) liegt vor, wenn in einem Vers der **Vokalauslaut** eines Wortes auf den **Vokalanlaut** des **folgenden** Wortes trifft. Es kommt dann zu einer Sprechpause. (vgl. sagt**e** **e**r, k**o**-**o**perieren).
– Der Hiat wird durch **Synaloephe** (gr. Verschleifung) vermieden: Dabei werden der **Vokalauslaut** und **Vokalanlaut** zu einem **Diphthong** verschliffen:
fau-**ce** **i**m-pro-ba (5-silbig) > fau-**cei**m-pro-ba (4-silbig) an-**te** h**o**s (3-silbig) > an-**teo**s (2-silbig)
– In der Schulpraxis hat sich aber die **Elision** (lat. elisio: Ausstoßung) durchgesetzt, bei der der **Vokalauslaut** »ausgestoßen« wird (vgl. magnopere < magn**o** **o**pere):
fau-**ce** **i**m-pro-ba (5-silbig) > fauc´ **i**m-pro-ba (4-silbig)
an-**te** h**o**s > an-t´**o**s
Synaloephe bzw. **Elision** treten auch ein, wenn ein Wort auf **Vokal + m auslautet**.
Synaloephe ad ri-v**um** **e**-un-dem (6-silbig) > ad riv-**ue**-un-dem (5-silbig)
Elision ad ri-v**um** **e**-un-dem (6-silbig) > ad riv´ **e**-un-dem (5-silbig)
– **Aphaerese** (gr. »Wegnahme) tritt ein, wenn **Vokalauslaut** bzw. **Vokalauslaut + m** auf »**est** /**es**« stoßen: In diesem Fall fällt der **Vokalanlaut** weg:
scrip-**ta** **e**st (3-silbig) > scrip-**ta**´ st (2-silbig) fac-t**um** **e**st (3-silbig) > fac-t**um**´st (2-silbig)

– **Synizese** (gr. zusammenziehen) liegt vor, wenn im Wortinnern zwei zu verschiedenen Silben gehörende Vokale zu einem einsilbigen Diphthong zusammengezogen werden
de-in (-de) > dein (-de) (bei Phaedrus die Regel)

4. Versmaß und Versfuß

Ein Vers ist die regelmäßige rhythmische Abfolge von betonten und unbetonten Silben in einem bestimmten **Versmaß**, das sich in einzelne **Versfüße** (metra) – musikalisch vergleichbar dem Takt – gliedern, lässt. Die letzte Silbe im Vers ist indifferent, d.h. sie kann kurz oder lang sein. Symbol: **x** (syllaba anceps)

5. Sprechpausen

Wie in der Prosa werden syntaktische Einheiten eines Satzes sowie Sätze durch Sprechpausen markiert. Sprechpausen treten ein bei **Satzzeichen,** vor **Konnektoren** (Konjunktionen oder Relativpronomina), nach **Attributen**, die durch Sperrstellung von ihrem Bezugswort getrennt sind, nach **Interjektionen** oder **Vokativen**
– Als **Zäsur** (lat. caesura) bezeichnet man die Pause, wenn sie ein Metrum »zerschneidet«. Wenn der Schnitt das Metrum halbiert, bezeichnet man die Zäsur als **Hemimeres** (Halbfuß). Häufig ist eine Zäsur nach dem 5. Halbfuß (**Penthemimeres** H5) oder nach dem 7. Halbfuß (**Hephthhemimeres** H7)
– Als **Dihärese** (gr. auseinandernehmen) bezeichnet man die Pause zwischen zwei Metren. Man zählt sie durch je nach dem Versfuß, hinter dem sie steht. (D2, D3 etc.)
– Von **Enjambement** spricht man, wenn zwischen Ende eines Verses und Beginn des nächsten Verses die Syntax **keine Sprechpause** zulässt, da der Satz syntaktisch auf den nächsten Vers übergreift.

6. Der versus senarius: iambischer Senar

Der iambische Senar, den Phaedrus verwendet, entspricht dem griechischen jambischen Trimeter und setzt sich aus **6 Iamben** zusammen (seni = je sechs): ∪ — ∪ — ∪ — ∪ — ∪ — ∪ x **(Idealform)**

Die zweitletzte Silbe ist immer kurz.

Die **Senkung** (arsis) kann besetzt sein von einer **Kürze** (∪), **Länge** (—) oder einer **Doppelkürze** (∪∪), die **Hebung** (thesis) ist in der Regel eine **Länge** (—), kann aber in eine **Doppelkürze** (∪∪) aufgelöst werden, von denen die erste Kürze den Akzent trägt.

Die Auflösungs- und Variationsmöglichkeiten ergeben folgende Varianten für den Iambus:

∪ —	**Iambus**	∪ ∪ —	**Anapäst**	— —	**Spondeus**
∪ ∪ ∪	**Tribrachys**	∪ ∪ ∪ ∪	**Prokeleusmaticus**	— ∪ ∪	**Daktylus**

Wichtig ist in diesem Zusammenhang das **Iambenkürzungsgesetz:**

Ein **iambisches** Wort, das die **Betonung** auf der **Kürze** trägt oder auf das eine **betonte Silbe folgt**, wird **pyrrhichisch**, d.h seine ursprünglich **naturlange Schlusssilbe** wird **gekürzt.**

* be-nē (∪ —) > be-ne (∪ ∪) ho-mō (∪ —) > ho-mo (∪ ∪)

Damit kann ein Pyrrhichius eine aufgelöste Hebung béne fecísti (∪∪ — — —) oder eine Senkung ausfüllen: bene féci (∪ ∪ — —).

Pyrrhichische Wörter sind vor allem: **bene, male, mihi, tibi, sibi, ego, ibi, ubi**

Muster einer metrischen Analyse: Fabularum liber I, Prologus

im Raster bedeuten / Sprechpause – **HF** Halbfuß – **H** Hemimeres – **D** Dihärese

HF mit **ungeraden** Zahlen sind Senkungen (⇓ unbetont; grau unterlegt) ∪ oder ∪∪ oder —

HF mit **geraden** Zahlen sind Hebungen (⇑ betont) — oder ∪∪

Der 6. Fuß hat immer ∪ ×

Fuß →	1. Fuß		2. Fuß		3. Fuß		4. Fuß		5. Fuß		6. Fuß		Pause
Vers ↓	1 ⇓	2 ⇑	3 ⇓	4 ⇑	5 ⇓	6 ⇑	7 ⇓	8 ⇑	9 ⇓	10 ⇑	11 ⇓	12 ⇑	HF ←
1	—	—	∪	—	— /	—	—	∪∪	—	—	∪	×	H5
	Ae-	so-	pus	auc-	tor	quam	ma-	te-ri-	am	rep-	pe-	rit,	
2	—	∪∪	∪	—	— /	—	∪	—	—	—	∪	×	H5
	hanc	e-go	po-	li-	vi	ver-	si-	bus	se-	na-	ri-	is.	
3	∪	— /	∪	—	—	—	— /	—	—	—	∪	×	D1 H7
	Du-	plex	li-	bel-	li	dos	est:	quod	ri-	sum	mo-	vet,	
4	— /	—	—	—	—	—	— /	—	∪∪	—	∪	×	H1 H7
	et	quod	pru-	den-	ti	vi-	tam	con-	si-li-	o	mo-	net.	
5	∪	—	∪	—	— /	—	—	—	—	∪∪	∪	×	H5
	Ca-	lum-	ni-	a-	ri	si	quis	au-	tem	vo-lu-	e-	rit,	
6	∪	—	∪	—	∪	—	— /	—	—	—	∪	×	H7
	quod	ar-	bo-	res	lo-	quan-	tur,	non	tan-	tum	fe-	rae,	
7	—	— /	∪	—	—	— /	∪	∪∪	—	—	∪	×	D1 D3
	fic-	tis	io-	ca-	ri	nos	me-	mi-ne-	rit	fa-	bu-	lis.	

Sprache und Stil

1. Dass Phaedrus sich inhaltlich und formal sehr stark an der Dichtung seines augusteischen Vorbildes Horaz orientiert, zeigen Zitate und Motive aus dessen Dichtung, wenn Phaedrus auf sein eigenes literarisches Selbstverständnis zu sprechen kommt. So ist im Prolog zum 1. Buch (3 ff) die Zusammenstellung des »risum movet« mit dem »consilio monet« nichts anderes als das Echo auf Horazens Formulierungen »ridentem dicere verum« (Sat. I 1, 14) und »aut prodesse volunt aut delectare poetae« (a.p. 333). Im Prolog zum dritten Buch (49 ff) betont Phaedrus ausführlich, dass ihm nicht daran gelegen ist, bestimmte Personen bloßzustellen (»neque enim notare singulos mens est mihi«) und berührt sich hier mit Horaz, Sat. I 4, 5: »... alii poetae ... multa cum libertate notabant.« Wenn Phaedrus im Prolog zum 3. Buch seinen Förderer Eutychos (1ff) dazu auffordert, für die Lektüre von Phaedrus-Fabeln Pflicht und Arbeit ruhen zu lassen, so ist das ein Nachklang der Aufforderung des Horaz an seinen Förderer Maecenas, sich vom hektischen Treiben Roms loszureißen und zum Dichter zu kommen (c III 29). Wenn der Autor im Prolog zum 3. Buch (17 ff) beansprucht, durch seinen Geburtsort Pierien einen besonders guten

Kontakt zu den Musen zu haben, dann spielt er auf Horazens Anspruch an, der von den pierischen Musen auserwählte Dichter Roms zu sein (c. III 4). Und schließlich deckt sich auch des Phaedrus Anspruch auf Ruhm, wie er ihn im Prolog zum 3. Buch (61 ff) erhebt: »... mir muss feierlicher Ruhm zuteil werden (als Schöpfer der römischen Fabel)« – nicht weniger deutlich wird dieser Anspruch im Epilog zum 2. Buch formuliert (8/9): »Ist Rom meinem Werk geneigt, dann hat es gegenüber Griechenland einen Autor (d.h. den Schöpfer einer eigenen literarischen Gattung) mehr« – mit Horazens Anspruch auf Ruhm in carmen III 30: Exegi monumentum aere perennius, aber auch dem dichterischen Selbstbewusstsein Ovids »Iamque opus exegi« am Ende der Metamorphosen (XV 871 ff). (Holzberg, S. 45/46)

2. Dem unkomplizierten Versmaß des jambischen Senars entspricht die ebenso unkomplizierte Sprache des Autors, der durchweg den **sermo urbanus**, d.h. die Umgangssprache des gebildeten Römers, verwendet. Der **sermo urbanus** lässt zwar bisweilen größere Freiheiten gegenüber den grammatischen Normen des an Cicero und Caesar orientierten Lateins erkennen, richtet sich aber doch weitgehend nach ihm. Charakteristisch für die Umgangssprache sind die Bevorzugung der Hypotaxe (Unterordnung) gegenüber der Parataxe (Beiordnung) und die häufige Verwendung von Partizipialkonstruktionen.
3. Die häufige Verwendung **griechischer Wörter** ist mit der griechischen Herkunft des Autors zu erklären.
4. Eine **abstrakte Formulierung** zieht Phaedrus oft dann einer konkreten vor, wenn er einen Gedanken hervorheben will. So betont er z.B. mit dem abstrakten Subjekt stupor (ingemuit) in Fabel I 13, 12 die Dummheit des gefoppten Raben.
5. Mit seinem Zeitgenossen Petron teilt Phaedrus den häufigen Ersatz des Perfekts durch die Umschreibung mit »**coepit / coeperunt + Infinitiv**« : rogare coepit statt rogavit; indignari coeperunt = indignati sunt.
6. Nicht selten verwendet Phaedrus aber auch Formulierungen, die er aus dem **sermo vulgaris**, der Alltagssprache des

»nicht gebildeten Römers«, entlehnt, von deren Verwendung Petrons »Cena Trimalchionis« ein eindrückliches Beispiel liefert. Dazu gehören:

6.1 **Wendungen** wie: »male mulcatus«, »fecit medicinam lupo«, »fecisti tantum corporis«, »male cessit« oder »pulchre«, »bellus« u.ä.

6.2 **Deminutiva**, ohne dass eine inhaltliche »Verkleinerung« vorliegt, wenn z.B. in einer Fabel »asinus« und »asellus« nebeneinander verwendet werden. Andere Beispiele sind: fabella statt fabula, tigillum statt tignum, vulpecula statt vulpes, meliusculus statt melior.

6.3 **Interjektionen** wie hercle, heus, mehercule(s), ecce, cedo!, obsecro !.

6.4 Formen des Pronomens **ille, illa, illud** in der Bedeutung »er, sie, es« an Stelle von is, ea, id.

6.5 Die **Synkopierung** eines Wortes durch Elision eines tonschwachen Binnenvokals, so regelmäßig bei periclum (statt periculum), perit (statt periit).

6.6 Der **Kasuswechsel**, wenn sich zwei Kasus in der Verwendung »überlappen«:
et quod prudenti vitam consilio monet = et quod prudentis vitam consilio monet.
(und dass sie dem Klugen das Leben mit Ratschlag lenkt = … das Leben des Klugen mit Ratschlag lenkt)

6.7 **Unsicherheiten beim Genus**: frenum n. wird zum frenus m.

6.8 **Varianten in der Perfektbildung**: necuit statt necavit (in Analogie zu sonuit), occucurrit statt occurrit.

6.9 **Verwechslung von Pronomina**: qui statt quis.

6.10 Die Verwendung des **Imperfekts** auch zum Ausdruck der **Vorzeitigkeit zur Gegenwart** (I 9, 9/10):
Qui modo securus nostra **irridebas** (statt irrisisti) mala / simili querela fata **deploras** tua.

6.11 Die Verwendung des **periphrastischen Futurs** an Stelle des »einfachen« Futurs: rosuri sunt statt rodent.

6.12 Die häufige Verwendung **der Ellipse** als Auslassung einer aus dem Kontext zu entnehmenden Information und Ausdruck des Strebens nach prägnanter Kürze in der gesprochenen Sprache sowohl des Gebildeten als auch des Unge-

bildeten. Betroffen sind bei der Ellipse häufig: **Subjekt** (z.B. fehlende Angabe zum aktuellen Sprecher bei einem Dialog), **Objekt**: sequere statt sequere me; **Prädikatskopula** esse, est, sunt: me contemptum gaudeo statt me contemptum esse gaudeo; **Signalverb des Sprechens** (inquit, dicit...) vor direkten und indirekten Äußerungen; **Prädikat** bei affektiven Kurzfragen: quid multa? statt quid multa dicam? **Bezugswort** eines Partizips oder Adjektivs oder Pronomens: correptum lacerat statt correptum agnum lacerat; suis statt suis natis.

7. Gelegentlich verwendet Phaedrus auch **Archaismen**: iocundus (statt iucundus), familias statt familiae esse(n)t statt fore(n)t. Dazu gehört auch die Verwendung der Endung -ēre, statt -ērunt: fuere statt fuerunt.

8. Nicht immer gelten bei den Partizipien die strengen Regeln des Zeitverhältisses. So kann ein Partizip der GZ im Aktiv finalen Charakter, d.h. nachzeitige Funktion haben: rogantes = rogaturae (I 2, 22).

9. Mit metrischer Rücksichtnahme lassen sich folgende Auffälligkeiten bei Phaedrus begründen:

9.1 Ausfall des intervokalischen v im Perfektstamm : laudārant statt laudaverant, superāsse statt superavisse; laudaris statt laudaveris u.ä.; ebenso der Ausfall des intervokalischen h: mi statt mihi, nil statt nihil

9.2 Vertauschung des Numerus in beiden Richtungen: pede statt pedibus oder fuimus statt fui.

9.3 Gemination des Reflexivpronomens: sese statt se.

9.4 Verzicht auf die inhaltliche Differenzierung des Ablativs durch eine Präposition: celsa arbore statt celsa in arbore.

9.5 Verwendung von Verbformen im Perfektstamm statt im Präsensstamm: dedissem statt darem; monitus fuit statt monitus est; salutatus fuerat statt salutatus erat.

9.6 Verwendung des verbum simplex statt compositum oder umgekehrt, ohne dass eine Bedeutungsänderung vorliegt: linquere statt relinquere; recedere statt cedere.

9.7 Konnektoren (Konjunktionen und Relativpronomina) stehen häufig nicht am Beginn des durch sie eingeleiteten Satzes:

pennas, pavoni quae deciderant statt pennas, quae pavoni deciderant. (I 3, 5)
Os devoratum fauce cum haereret lupi statt Cum os devoratum fauce lupi haereret. (I 8, 3)

10. Dass Phaedrus aber auch die Sprache des poeta doctus kennt, zeigen seine Periphrasen bzw. Antonomasien zur Bezeichnung mancher Akteure in seinen Fabeln: »laniger« für Schaf, »auritulus« für Esel, »peregrina volucris« für Storch, »sonipes« für Pferd, »barbatus« für Geißbock, »Phryx sophus« für Aesop oder »pater deorum« für Jupiter. Auch die Verwendung von Wörtern, die nur in der Dichtung verwendet werden: »volucris« für »avis« oder »mortales« für »homines«, zeigt, dass er sein »dichterisches Handwerk« beherrscht.

Übersicht über die rhetorischen Stilmittel

Stilmittel dienen dazu, auf den Leser (der in der Antike **laut** las, auch wenn er alleine war!) einzuwirken und ihn auf **Schlüsselstellen** eines Textes **aufmerksam zu machen**. Grundsätzlich lassen sich zwei Typen von Stilmitteln unterscheiden, deren Grenzen oft fließend sind:

1. **Tropen** (< gr. tropoi – Wendungen)
Das Gemeinte wird nicht mit den nächstliegenden »eigentlichen« Worten gesagt.
2. **Figuren** (< lat. figurae)
Wörter werden anders als in der alltäglichen Ausdrucksweise verwendet. Man unterscheidet:

2.1 **Stellungsfiguren** (kunstvolle Anordnung der Worte)
2.2 **Klangfiguren** (Wirkung des Gleichklangs von Worten oder Buchstaben)
2.3 **Sinnfiguren** (kunstvolle Wortwahl und Satzgestaltung)

Die folgende Auswahl auf den Seiten 32–33 ist alphabetisch geordnet.

Name des Stilmittels	Beschreibung des Stilmittels	deutsches Beispiel	Beispiel aus Phaedrus-Fabeln
Allegorie Anders-Sagen	bildhafter Ausdruck statt abstrakter Formulierung	Jäh *lodert* in seinem Herzen das *Feuer auf*	Ego porro illius *semita feci viam* (III Prol. 38)
Alliteration Anlautung	mehrere Wörter mit gleichem Anlaut	**W**interstürme **w**ichen dem **W**onnemond	Igitur **c**um **c**urrens bibere **c**oepisset **c**anis (I 25, 5)
Anapher Wiederaufnahme	Wortwiederholung am Beginn des Satzes	*Hätte sie* Gedanken, die ich denke, *hätte sie* Gefühle, die ich empfinde	Nam *et ubi* tricandum *et ubi* sit currendum scio. (III 6, 9)
Antithese Gegensatz	Ausdruck des Gedankens durch einen Gegensatz	Das ist nicht *Mut*, das ist *Feigheit.*	*Amittit* merito *proprium* qui *alienum appetit* (I 4,1)
Antonomasie Umnennung	Namens- oder Begriffs-umschreibung	*Der Dichter der »Glocke«* (= Schiller)	*Pater deorum* (= Zeus) risit (I 2, 13)
Apostrophe Wegwendung	Scheinbare Wegwendung vom Leser; Hinwendung an abwesende Personen oder Dinge	Lebt wohl, *ihr Berge, ihr geliebten Triften*	Ergo abhinc *abesto, livor*
Asyndeton Unverbundenes	Reihe gleichwertiger Satz-glieder ohne Konjunktion	*Schaffe, schaffe, Häusle baue.*	*Agellos, pecora, villam, operarios, boves* (IV 5, 23/24)
Chiasmus X-Stellung	überkreuzte Anordnung der Satzglieder	Der *Wahn* ist *kurz, lang* ist die *Reu'.*	*Amittit* merito *proprium* qui *alienum appetit* (I 4, 1)
Ellipse Auslassung	Ausfall eines kontextuell erschließbaren Wortes	*Wie der Herr* (ist), *so* (ist') *'s Gescherr*	superior *stabat* lupus, longe inferior *(stabat)* agnus (I 1, 2/3)
Enallage Vertauschung	unpassende Zuordnung eines Attributs zur Hervorhebung der Aussage	Das *braune Lachen* ihrer Augen (= Das Lachen ihrer *braunen Augen*)	Tumens *inani* graculus *superbia* (= inanis graculus) (I 3, 4)
Epipher Nachtrag	Wiederholung eines Wortes am Satzende	Hol'dich der *Teufel!* Geh' doch zum *Teufel!*	Periculosum est *credere* et periculosum non *credere* (III 10, 1)
Epitheton ornans zierendes Beiwort	Attribut ohne eigenen Informationswert	Das *edle* Ross (Ross = edles Pferd)	*tonanti* Iovi (III Prol. 18) *dolosa* vulpes (I 13, 11)
figura etymologica Wortwurzel-Spiel	Verb und Substantiv vom gleichen Stamm	Wer andern eine *Grube gräbt*	*Derisor* potius quam *deridendus* senex (III 14, 4)
Hendiadyoin eins durch zwei	Ausdruck **eines** Sachverhalts durch **zwei** Synonyma	Er *bittet* und *bettelt* = Er bittet inständig.	Comes *quieto* sequitur et *placido* gradu (II 7, 6)
Homoioteleuton gleiche Endung	Mehrere Wörter mit gleichem Auslaut	Tanz*en* und Spring*en*, Lach*en* und Sing*en*	super*ior* stabat lup*us* longeque infer*ior* agn*us* (I 1, 2/3)
Hyperbaton Überspringen	Trennung des Syntagmas durch mindestens ein Wort	*Der Worte* sind *genug* gewechselt! (= genug Worte)	*fictis* iocari nos meminerit *fabulis* (I Prol. 7)

Name des Stilmittels	Beschreibung des Stilmittels	deutsches Beispiel	Beispiel aus Phaedrus-Fabeln
Hyperbel Übertreibung	Über- / Untertreibung eines Sachverhaltes	(Bettler): Besuch mich in meinem *Palast!*	*altis* ab *astris* (statt ab alto) (II 6, 12)
Ironie feiner Spott	ironische Bezeichnung eines Sachverhaltes durch das Gegenteil	*Intelligent,* wie er ist, *fällt er drauf rein.* (= in seiner Dummheit)	Legesne, quaeso, potius *viles nenias* (III Prol. 10)
Klimax Leiter	Wortfolge, die nach Inhalt oder Umfang eine Aussage steigert	Ich *kam,* ich *sah,* ich *siegte.*	*Vacca* et *capella* et *patiens ovis iniuriae* (I 5, 3)
Litotes Schlichtheit	Hervorhebung der Aussage durch Verneinung ihres Gegenteils	*nicht hässlich* = sehr hübsch	Nam *nil amisi nec sum laesus* vulnere (II 7, 12)
Metapher Übertragung	Wortverwendung mit »übertragener« Bedeutung	Er ist *scharf* auf Neuigkeiten.	*certumque fontem* veritatis repperit (III 10, 43)
Metonymie Vertauschung	Ersatz eines Wortes durch Begriff aus gleichem Sachfeld	*Venus* statt Liebe *Bock* statt Gestank	*ferro* (statt gladio) mulum sauciant (II 7, 8)
Parallelismus »Gleichlauf«	streng parallele Satzglied- oder Satzfolge	*Reden ist Silber, Schweigen ist Gold*	*superior* stabat *lupus inferior agnus* (I 1 2/3)
Paronomasie Wortveränderung	Spiel mit Wortklang	Er liebt mehr den *Krug* als den *Krieg*	risum *movet* … consilio *monet* (I Prol. 3/4)
Periphrase Umschreibung	Umschreibung eines Begriffs durch einen Satz	*Der mich betrogen hat* (= der Betrüger)	Fruere, *quae laudas* (= commoda tua). (III 7, 27)
Personificatio Maskenbenutzung	Personifizierung abstrakter Begriffe	*Das Vaterland spricht* so zu dir, Catilina!	*ingemuit* corvi *deceptus stupor* (I 13, 12)
Polyptoton Viel-Fall	Wortwiederholung in veränderter Flexion	Das *Beste* vom *Besten*	multa *agendo* nihil *agens* (II 5, 3)
Polysyndeton Vielverbundenes	Verbindung gleichrangiger Satzglieder durch Konjunktion	Sie wiegen *und* tanzen *und* singen dich ein.	Vacca *et* capella *et* patiens ovis iniuriae I 5, 3)
rhetorische Frage Scheinfrage	In Scheinfrage versteckte Aussage	*Wer weiß das nicht?* (= Jeder weiß das)	*Quidnam futurum est, si crearit liberos?* (I 6, 9)
Sentenz Sprichwort	Formulierung einer Lebenserfahrung in einem Sprichwort	*Lügen haben kurze Beine* (mit Lügen kommt man nicht weit)	*Inops, potentem dum vult imitari, perit* (I 24, 1)
Synekdoche Mitverstehen	Erweiterung oder Verengung des ursprünglichen Wortinhaltes	Er greift zur *Klinge* (statt Schwert)	Librum exarabo tertium Aesopi *stilo* (Griffel = Stil) (III Prol. 29)
Variatio Abwechslung	Abänderung des Wortinhaltes durch ein Synonym	Ich *komme* schon, ich *fliege* schon, ich *eile* schon.	*contemnens – despexerat* (I 3, 8 + 12) *maerens – tristem* (I 3, 10 + 11)

»Die Frösche erbitten sich einen König« (I,2)

PHAEDRI LIBER FABULARUM PRIMUS

PROLOGUS

Aesōpus auctor quam māteriam repperit,
hanc ego polīvī versibus sēnāriis.
Duplex libellī dōs est: quod rīsum movet
et quod prūdentis vītam cōnsiliō monet.
Calumniārī sī quis autem voluerit,
quod arbōrēs loquantur, nōn tantum ferae,
fictīs iocārī nōs meminerit fābulīs.

WDH *arbor – auctor – consilium – fingere – loqui – materia – meminisse – movere – reperire – tantum*

prologus (→ 3) Vorrede – 1 **Aesopus** Aesop – **auctor, -oris m.** 1. subst.Urheber (Schöpfer der Fabel), 2. adj. als Erster – **quam materiam repperit … hanc polivi** lies: eam materiam, quam repperit, polivi (→ 9.7) – **reperire, reperio, repperi, repertum** erfinden – 2 **polire** (künstlerisch) ausfeilen; »ausgefeilte Dichtung« war lit. Programm alexandrinischer Dichtung und ihrer röm. Vertreter unter den Neoterikern im Gefolge des Catull – **versus senarius** jambischer Senar (Metrik) – 3 **duplex, -plicis** zweifach – **libellus** Buch, Büchlein – **dos, dotis f.** Gabe, Vorzug – **quod** (explikativ) nämlich dass – **risus, -us m.** < ridere – 4 **prudens, -ntis** klug – **monere** hier: (mahnend) leiten – 3/4 **risum movet – consilio monet** vgl. Horaz, ars poetica 333: aut prodesse volunt aut delectare poetae – 5 **calumniari** (böswillig) kritisieren – 6 **quod** (faktisch) dass – **fera** Tier – **iocari** scherzen – **nos** = me (→ 9.2) – **meminerit** optativer Konjunktiv

I. LUPUS ET AGNUS

Ad rīvum eundem lupus et agnus vēnerant
sitī compulsī; superior stābat lupus
longēque īnferior agnus. Tunc fauce improbā
latrō incitātus iūrgiī causam intulit.
»Cūr« inquit »turbulentam fēcistī mihī
aquam bibentī?« Lāniger contrā timēns:
»Quī possum, quaesō, facere, quod quereris, lupe?
A tē dēcurrit ad meōs haustūs liquor.«
Repulsus ille vēritātis vīribus:
»Ante hōs sex mēnsēs male« ait »dīxistī mihī.«
Respondit agnus: »Equidem nātus nōn eram.«
»Pater hercle tuus« ille inquit »maledīxit mihī.«
Atque ita correptum lacerat iniūstā nece.
Haec propter illōs scrīpta est hominēs fābula
quī fictīs causīs innocentēs opprimunt.

WDH *bibere – causa – currere – equidem – fingere – idem – improbus – incitare – inferre – iustus – longe – male – mensis – nasci – necare – opprimere – pellere – propter –queri – superior – timere – veritas – vis*

1 **rivus** Bach – **lupus** Wolf – **agnus** Lamm – 2 **sitis, -is f.** Durst – **compellere, -pello, -puli, -pulsum** < con+pellere – **superior** flussaufwärts – 3 **inferior** flussabwärts – **faux, -faucis f.** Rachen – **improba** inhaltlich auf latro zu beziehen (Enallage) – 4 **latro, -onis m.** Räuber – **iurgium** Streit – **inferre, -fero, -tuli** (an den Haaren, d.h. willkürlich) herbeiziehen – 5 **turbulentus** trüb – **6 laniger, -i m.** »Wolleträger«, Lamm (→ 10) – **contra** (Adverb) dagegen – **timens** erg. dixit (→ 6.12) – 7 **qui?** wie – **quaeso** bitte (»frage ich«) (→ 6.3) – 8 **decurrere** < de+currere – **haustus, us m.** Trink-, Schöpfplatz (nach röm. Recht bestand auf fremdem Grundstück das Anrecht zur Wasserentnahme) – **meos haustus** (→ 9.2) – **liquor, -oris m.** (→ 10) Wasser – 9 **repellere, repello,**

reppuli, repulsum < re+pellere – **veritas** hier personifiziert gedacht – 10 **maledicere, -dico, -dixi, -dictum + Dativ**. beschimpfen; Beschimpfung war nach röm. Recht ein Klagegrund – **male … dixisti** hier getrennt – 12 **hercle!** fürwahr! (→ 6.3) – 13 **corripere, -ripio, -ripui, -reptum** packen – **correptum** erg. agnum (→ 6.12) – **lacerare** zerfleischen – **iniustus** < in+iustus – **nex, necis f.** < necare – **innocens, -ntis** unschuldig

II. RANAE REGEM PETIERUNT

Athēnae cum flōrērent aequīs lēgibus
procāx lībertās cīvitātem miscuit
frēnumque solvit prīstinum licentia.
Hīc cōnspīrātīs factiōnum partibus
arcem tyrannus occupat Pīsistratus.
Cum trīstem servitūtem flērent Atticī
– nōn quia crūdēlis ille, sed quoniam gravis
omnīnō īnsuētīs – onus et coepissent querī,
Aesōpus tālem tum fābellam rettulit:
»Rānae vagantēs līberīs palūdibus
clāmōre māgnō rēgem petiēre ā Iove,
quī dissolūtōs mōres vī compesceret.
Pater deōrum rīsit atque illīs dedit
parvum tigillum, missum quod subitō vādī
mōtū sonōque terruit pavidum genus.
Hoc mersum līmō cum iacēret diūtius,
forte ūna tacitē prōfert ē stāgnō caput
et explōrātō rēge cunctās ēvocat.
Illae timōre positō certātim annātant
līgnumque supera turba petulāns īnsilit.
Quod cum inquināssent omnī contumēliā,
alium rogantēs rēgem mīsēre ad Iovem,
inūtilis quoniam esset quī fuerat datus.

Tum mīsit illīs hydrum, quī dente asperō
corripere coepit singulās. Frūstrā necem
fugitant inertēs, vōcem praeclūdit metus.
Fūrtim igitur dant Mercuriō mandāta ad Iovem,
afflīctīs ut succurrat. Tunc contrā deus:
›Quia nōluistis vestrum ferre‹ inquit ›bonum,
malum perferte!‹ Vōs quoque, ō cīvēs« ait
»hoc sustinēte, maius nē veniat, malum.«

WDH *aequus – alius – arx – asper – bonum – crudelis – cuncti – dens – diu – explorare – factio – florere – forte genus – gravis – iacēre – igitur – incipere – līber – licentia – malum – metus – miscere – mos – motus – natare – necare – nolle – occupare – omnino – omnis – onus – pars – perferre – petere – ponere – queri – quia – quoniam – referre – rogare – servitus – singuli – solvere – succurrere – sustinere – talis – timor – tristis – tum – tunc – turba – utilis – vadum – vis*

1 **Athenae, -arum f.** Athen – **aequis legibus** Anspielung auf die Gesetze des Solon von 594 v. Chr., die eine Rechtsgleichheit (Isonomie) für alle freien Bürger bringen sollten – 2 **procax, -cacis** ausgelassen – **libertas** hier: Zügellosigkeit – **miscere, -eo, -ui, mixtum** willkürlich durcheinander mischen, verwirren – 3 **frenum** Zügel – **pristinus** ehemalig – **licentia** Übermut – 4 **hic** (Adverb) hierauf – **conspirare** sich verschwören – 5 **arx** hier: die Akropolis (von Athen) – **tyrannus** (→ 3) für den röm. Leser seit Tarquinius Superbus negativ besetzter Begriff, im Griechischen wertneutral – **Pisistratus** Peisistratos; da bei der Solonischen Gesetzgebung die politischen Rechte nach der Höhe des Ernteertrages festgelegt wurden, kam es zu sozialen Konflikten mit den Bauern, an deren Spitze sich Peisistratos stellte und 560 v. Chr. als »tyrannos« (Alleinherrscher) die Macht ergriff – 6 **flere, fleo** (be-)weinen – **Atticus** Athener – 8 **insuetus** erg. oneris (an etw. noch) nicht gewöhnt – **et** vor onus stellen (→ 9.7) – 9 **Aesopus** in

den Fabeln des Phaedrus tritt Aesop mehrfach als »weiser Alter« und Fabelerfinder in der Rolle eines Erzählers, Aufklärers oder Vermittlers auf; in ähnlicher Funktion erzählt bei Livius (a. u. c. II 32, 9–12) Menenius Agrippa die Fabel vom Magen und den Gliedern – **fabella** (→ 6.2) – **referre, refero, rettuli, relatum** vortragen – 10 **rana** Frosch – **vagari** hier: umherhüpfen – **liberis** inhaltlich auf ranae zu beziehen (Enallage) – **liberis paludibus** ohne Präposition (→ 9.4) – 11 **petiēre** = petiverunt (→ 7) – **Iuppiter, Iovis m.** Zeus; tritt in den Fabeln wiederholt als Schiedsrichter auf – 12 **dissolvere, -solvo, -solvi, -solutum** auflösen – **compescere, -sco** bändigen – **qui ... compesceret** RS mit finaler Sinnrichtung – 14 **tigillum** Balken (→ 6.2) – **quod** vor missum stellen (Sprache 9.7) – **vadum** Grund (eines Gewässers) – 15 **sonus** Geräusch – **pavidus** ängstlich – **genus, generis n.** erg. ranarum (→ 6.12); hier Volk – 16 **mergi, mergor, mersus sum** versinken – **limus** Schlamm – 17 **una** erg. e ranis (→ 6.12) – **proferre, -fero, -tuli, -latum** hervorstrecken – **profert** (und folgende) narratives Präsens – **stagnum** Teich – 18 **cunctas** erg. ranas (→ 6.12) – **evocare** < e+vocare – 19 **illae** erg. ranae (→ 6.12) – **certatim** um die Wette – **annatare** < ad+natare herbeischwimmen – 20 **lignum** Holz – **superus** oben (auf der Wasseroberfläche) befindlich – **petulans, -ntis** ausgelassen – **insilire + Akkusativ.** auf etw. hüpfen – 21 **inquinare** beschmutzen – **inquinassent** (→ 9.1) – 22 **rogantes** finale Sinnrichtung (→ 8) – **misēre** = miserunt (→ 7); Ellipse des Objekts (→ 6.12) – 23 **inutilis, -e** < in+utilis – **esset** obliquer Konjunktiv; Subjekt ist der folgende RS – **datus fuerat** = datus erat (→ 9.5) – 24 **hydrus** (→ 3) Schlange – **asper, -era, -erum** wild – 25 **corripere, -ripio, -ripui, -reptum** packen – **corripere coepit** (→ 5) – **nex, necis f.** < necare – 26 **fugitare + Akkusativ** in alle Richtungen fliehen – **iners, inertis** wehrlos – **praecludere** ersticken – 27 **furtim** heimlich – **Mercurius** Hermes, der Götterbote – **mandatum** Auftrag –

mandata (→ 9.2) – 28 **afflictus** bedrängt – **contra** (Adverb) dagegen – 30 **perferre, -fero** bis zum Ende aushalten – **ait** erg. Aesopus (→ 6.12) – 31 **hoc** Bezug zu malum

III. GRACULUS SUPERBUS ET PAVO

Nē glōriārī libeat aliēnīs bonīs
suōque potius habitū vītam dēgere,
Aesōpus nōbis hoc exemplum prōdidit.
Tumēns inānī grāculus superbiā,
pennās pāvōnī, quae dēciderant, sustulit
sēque exornāvit. Deinde contemnēns suōs
sē immiscuit pāvōnum fōrmōsō gregī.
Illī impudentī pennās ēripiunt avī
fugantque rostrīs. Male mulcātus grāculus
redīre maerēns coepit ad proprium genus,
ā quō repulsus trīstem sustinuit notam.
Tum quīdam ex illīs, quōs prius dēspēxerat:
»Contentus nostrīs sī fuissēs sēdibus
et quod nātūra dederat voluissēs patī,
nec illam expertus essēs contumēliam
nec hanc repulsam tua sentīret calamitās.«

WDH *alienus – bonum – cadere – calamitas – contemnere – contentus – deinde – experiri – genus – inanis – incipere – male – miscere – ornare – pati – potius – prius – prodere – proprius quidam – repellere – sedes sentire –superbia – sustinere – tollere – tristis – tum*

1 libet + Infinitiv man soll – 2 **habitus, -us m.** Zustand, Lage – **degere, dego** verbringen; vor degere ist noch einmal libeat zu ergänzen – 3 **exemplum** häufige Bezeichnung für die Fabel – 4 **tumēre** aufgeblasen sein – **graculus** Krähe (lautmalend!) – 5 **penna** Feder – **pavo, -onis m.** Pfau – **decidere** < de+cadere – **exornare** < ex+ornare – 7 **immis-**

»Die hochmütige Krähe und der Pfau« (I,3)

cere, -eo, -ui + Dativ < in+miscere – **formosus** schön – **grex, -gregis m.** Schar – 8 **impudens, -ntis** unverschämt – **avis, -is m./f.** Vogel – 8/9 **eripiunt ... fugant** narratives Präsens – 9 **fugare** verjagen – **rostrum** Schnabel – **male** übel – **mulcare** misshandeln (→ 6.1) – 10 **maerere, -eo** betrübt sein – **redire coepit** = rediit (→ 5) – 11 **nota** Rüge, Beschimpfung – 12 **tum quidam ex illis** erg. dixit (→ 6.12) – **despicere, -spicio, -spexi, -spectum** verachten – 13 **contentus** die kynische und stoische Philosophie zur Zeit des Phaedrus fordert, mit dem zufrieden zu sein, was die Natur gegeben hat – **sedes, -(i)um f.** Rang – 14 **pati** Objekt ist der vorausgehende RS – 15 **contumelia** Misshandlung, Schande – 16 **repulsa** Zurückweisung – **calamitas** du Unglückliche (→ 4)

IV. CANIS PER FLUVIUM CARNEM FERENS

Āmittit meritō proprium quī aliēnum appetit.
Canis per flūmen carnem cum ferret natāns,
lymphārum in speculō vīdit simulācrum suum,
aliamque praedam ab alterō ferrī putāns
ēripere voluit: vērum dēcepta aviditās
et quem tenēbat ōre dīmīsit cibum,
nec quem petēbat potuit adeō attingere.

WDH *alienus – alter – amittere – appetere – attingere – decipere – dimittere – eripere – ferre – merito – os – petere – praeda – proprius – putare – simulacrum – tenere – verum*

1 **amittit** Subjekt ist der folgende RS – 2 **canis, -is m.** Hund – **caro, carnis f.** Fleisch(-stück) – **natare** schwimmen – 3 **lymphae, -arum f.** (→ 3 ; klares) Wasser – **speculum** Spiegel; natürlich ist es unmöglich, sich in bewegtem Wasser zu spiegeln – 5 **aviditas, -tatis f.** Begierde (→ 4) – 6 **quem tenebat** lies : cibum, quem ore tenebat, dimisit (→ 9.7) –

7 **nec … adeo** geschweige denn, dass – **quem petebat** lies: nec adeo potuit attingere (erg. cibum; → 6.12), quem petebat

V. VACCA ET CAPELLA, OVIS ET LEO

Numquam est fidēlis cum potente societās:
testātur haec fābella prōpositum meum.
Vacca et capella et patiēns ovis iniūriae
sociī fuēre cum leōne in saltibus.
Hī cum cēpissent cervum vāstī corporis,
sīc est locūtus partibus factīs leō:
»Ego prīmam tollō, nōminor quoniam leō;
secundam, quia sum fortis, tribuētis mihī;
tum, quia plūs valeō, mē sequētur tertia;
malō afficiētur, sī quis quartam tetigerit.«
Sīc tōtam praedam sōla improbitās abstulit.

WDH *afficere – auferre – capere – fieri – fortis – improbus – iniuria – loqui – malum – nominare – potens – quia (ali)quis – quoniam – sequi – societas – socius – tangere – tollere – tribuere – tum – valere*

1 **fidelis, -e** ehrlich – **societas** im Sinne einer »Wirtschaftsvereinigung«, bei der die Gewinne je nach Leistung der Gesellschafter verteilt werden; in einer »societas leonina«, d.h. unter einem König, gibt es aber keine echte societas – 2 **testari, -or** bezeugen – **fabella** (→ 6.2) – **propositum** These, Behauptung – 3 **vacca** Kuh – **capella** Geiß – **ovis** Schaf – **patiens, -ntis + Genitiv** ertragend – 4 **fuēre** (→ 7) – **saltus, -uum m.** Wald (-gebirge) – 5 **cervus** Hirsch – **vastus** riesig – 6 **partes facere** Portionen einteilen – 7 **primam** erg. partem (→ 6.12) – **tollere** wegnehmen – 8 **sequor + Akkusativ** zufallen – 10 **malo afficior** mir ergeht es übel – **11 improbitas, -tatis f.** < improbus; (→ 4)

VI. RANAE AD SOLEM

Vīcīnī fūris celebrēs vīdit nūptiās
Aesōpus et continuō narrāre incipit:
»Uxōrem quondam Sōl cum vellet dūcere,
clāmōrem rānae sustulēre ad sīdera.
Convīciō permōtus quaerit Iuppiter
causam querēlae. Quaedam tum stāgnī incola:
›Nunc‹ inquit ›omnēs ūnus exurit lacūs
cōgitque miserās āridā sēdē ēmorī.
Quidnam futūrum est, si creārit līberōs?‹

WDH *causa – cogere – commovere – creare – futurus – incipere – liberi – mori – omnis – quaerere – quidam – quondam – sedes – tum – uxor*

1 **vicinus** benachbart – **fur, furis m.** Dieb – **celeber, -bris -bre** festlich – **nuptiae, -arum f.** Hochzeit – 2 **continuo** sofort – **incipit** narratives Präsens – 3 **Sol** Helios (Sonnengott) – **uxorem ducere** heiraten; in der gr. Mythologie ist Mondgöttin Selene die Braut des Helios; die Fabel wird auch als Satire auf die ehebrecherischen Beziehungen des Praetorianerpraefekten Seianus mit Livilla, der Gattin des Drusus, gedeutet – 4 **rana** Frosch – **sustulēre** (→ 7) – **sidus, sideris n.** Stern, Gestirn – **clamorem sustulēre ad sidera** Zitat aus Vergil, Aeneis X 262: clamorem ad sidera tollunt – 5 **convicium** Gequake – **permovere, -moveo, -movi, -motum** = commovere – **Iuppiter** Zeus; tritt in Fabeln oft als Schiedsrichter auf – 6 **querela** Klage – **stagnum** Teich – 7 **exurere** austrocknen; erg. Sol (→ 6.12) – **lacus, -us m.** Teich, Gewässer – 8 **miseras** erg. ranas (→ 6.12) – **aridus** trocken – **emori** = mori (→ 9.6) – 9 **quidnam** < quid+nam – **crearit** (→ 9.1)

VII. VULPES AD PERSONAM TRAGICAM

Persōnam tragicam forte vulpēs vīderat:
»Ō quanta speciēs« inquit »cerebrum nōn habet!«
Hoc illīs dīctum est, quibus honōrem et glōriam
Fortūna tribuit, sēnsum commūnem abstulit.

WDH *communis – forte – quantus – sensus – species – tribuere*
1 **persona** Maske; antike Theatermasken umschlossen den ganzen Kopf; wegen ihrer Hohlheit Symbol für Hirnlosigkeit – **tragicus** (→ 3) tragisch – **vulpes, -is f.** Fuchs – 2 **quantus** wie bedeutend – **cerebrum** (Ge-)Hirn, Verstand – 4 **Fortuna** die (blinde) Glücksgöttin – **sensus communis** gesunder Menschenverstand

VIII. LUPUS ET GRUIS

Quī pretium meritī ab improbīs dēsīderat,
bis peccat: prīmum quoniam indīgnōs adiuvat;
impūnē abīre deinde quia iam nōn potest.
Os dēvorātum fauce cum haerēret lupī,
māgnō dolōre victus coepit singulōs
illicere pretiō, ut illud extraherent malum.
Tandem persuāsa est iūre iūrandō gruis,
gulaeque crēdēns collī longitūdinem,
perīculōsam fēcit medicīnam lupō.
Prō quō cum pactum flāgitāret praemium:
»Ingrāta es« inquit »ōre, quae ē nostrō caput
incolume abstuleris et mercēdem postulēs.«

WDH *adiuvare – auferre – desiderare – haerere – improbus – incipere – incolumis – ingratus – lupus –malum – non iam – os – peccare –periculum – persuadere – praemium – pretium – quia – quoniam – singuli – tandem – trahere – vincere*

1 **meritum** Verdienst – 2 **bis** zweimal – **peccare** einen Fehler machen – 3 **impune abire** ungestraft davonkommen – **deinde quia** vor impune zu stellen (→ 9.7) – 4 **os, ossis n.** Knochen – **devorare** verschlingen – **faux, faucis f.** Rachen – 5 **victus** der Wolf muss sich überwinden, um Hilfe zu bitten – 5/6 **coepit illicere** (→ 5) – **singulos** gemeint sind Tiere – 6 **illicere** locken – **extrahere** < ex+trahere – 7 **persuasa est** persuadere ist hier transitiv verwendet – **ius iurandum** Schwur (nicht zuzubeißen) – **gruis, -is m./f.** Kranich – 8 **gula** Rachen – **credere** hier: anvertrauen – **collum** Hals – **longitudo, -dinis f.** < longus – **colli longitudinem** = collum longum – 9 **periculosus** < periculum – **medicina** hier: medizinischer Eingriff – **medicinam fecit lupo** (→ 6.1) – 10 **pacisci, paciscor, pactus sum** vereinbaren – **flagitare** (heftig) fordern – 11 **inquit** erg. lupus (→ 6.12) – **nostro** = meo (→ 9.12) – 11/12 **quae abstuleris et postules** RS mit kausaler Sinnrichtung –12 **et** und trotzdem – **merces, -edis f.** Lohn

IX. PASSER AD LEPOREM CONSILIATOR

Sibi nōn cavēre et aliīs cōnsilium dare
stultum esse paucīs ostendāmus versibus.
Oppressum ab aquilā, flētūs ēdentem gravēs
leporem obiūrgābat passer: »Ubi pernīcitas
nōta« inquit »illa est? Quid ita cessārunt pedēs?«
Dum loquitur, ipsum accipiter necopīnum rapit
questūque vānō clāmitantem interficit.
Lepus sēmianimus: »Mortis en sōlācium!«
Quī modo sēcūrus nostra irridēbās mala,
similī querēlā fāta dēplōrās tua.«

WDH *cavere – clamare – consilium – dum – ēdere – fatum – gravis – interficere – loqui – malum – modo – mors – ostendere – pes – queri – rapere – similis*

»Der Wolf und der Kranich« (I,8)

consiliator < consilium – 1 **caveo + Dativ** Sicherheit verschaffen – 2 **ostendamus** (→ 9.2) – **versus, -us m.** Vers – 3 **aquila** Adler – **fletus, -us m.** Weinen – **fletus** (→ 9.2) – **ēdere, edo** von sich geben – 4 **lepus, -oris m.** Hase – **obiurgare** schelten, tadeln – **passer, -eris m.** Spatz – **pernicitas, -tatis f.** Schnelligkeit – 5 **quid ita** wieso – **cessare** hier: versagen – **cessārunt** (→ 9.1) – 6 **accipiter, -tris m.** Habicht – **necopinus** ahnungslos – 7 **questus, -us m.** < queri – **vanus** vergeblich – **clamitare** < clamare – 8 **semianimus** halbtot – **en** sieh da! – **solacium** Trost – 9 **securus** sorglos – **nostra mala** (→ 9.2) – **irridēre** verspotten – 10 **querela** Klage – **fata tua** (→ 9.2) – **deplorare** beweinen

X. LUPUS ET VULPES IUDICE SIMIO

Quīcumque turpī fraude semel innōtuit,
etiam sī vērum dīcit, āmittit fidem.
Hoc attestātur brevis Aesōpī fābula.
Lupus arguēbat vulpem fūrtī crīmine;
negābat illa sē esse culpae proximam.
Tunc iūdex inter illōs sēdit sīmius.
Uterque causam cum perōrāssent suam,
dīxisse fertur sīmius sententiam:
»Tū nōn vidēris perdidisse quod petis;
tē crēdō surripuisse quod pulchrē negās.«

WDH amittere – arguere – brevis – causa – crimen – culpa – fides – fraus – iudex – negare – perdere – petere –quicumque – sedere – sententia – tunc – turpis – uterque – verus – videri

1 **innotescere, -notesco, -notui** bekannt werden, auffallen – 2 **verum** < verus – 3 **attestari** bezeugen – 4 **lupus** Wolf – **arguere** hier mit Ablativ statt Genitiv – **vulpes, -is f.** Fuchs – **furtum** Diebstahl – 5 **negabat se esse culpae proximum** er beteuerte seine völlige Unschuld – 6 **simius** Affe –

»Wolf und Fuchs vor dem Affen als Richter« (I,10)

7 **perorare** (in einer Rede) vertreten – 8 **sententia** Urteil (-sspruch) – **9 non videris perdidisse** in amtlichen Verlautbarungen römischer Magistrate wurden Urteilssprüche oder Missbilligungen mit der Formel »videtur« oder »non placet« eingeleitet – 10 **surripere, -ripio, -ripui, -reptum** entwenden – **pulchre** (→ 6.1) vortrefflich

XI. ASINUS ET LEO VENANTES

Virtūtis expers verbīs iactāns glōriam
ignōtōs fallit, nōtīs est dērīsuī.
Vēnārī asellō comite cum vellet leō,
contēxit illum frutice et admonuit simul,
ut īnsuētā vōce terrēret ferās,
fugientēs ipse exciperet. hīc aurītulus
clāmōrem subitō tōtīs tollit vīribus
novōque turbat bēstiās mīrāculō.
Quae dum paventēs exitūs nōtōs petunt,
leōnis affliguntur horrendō impetū.
Quī postquam caede fessus est, asinum ēvocat
iubetque vōcem premere. Tunc ille īnsolēns:
»Quālis vidētur opera tibi vōcis meae?«
»Īnsīgnis« inquit »sīc ut, nisi nōssem tuum
animum genusque, similī fūgissem metū.«

WDH *admonere – caedes – clamor – comes – dum – excipere – exitus – fallere – fugere – genus – iactare – ignotus – impetus – insignis – metus – novisse – opera – petere – premere – qualis – similis – simul – tollere – videri – virtus – vis*

1 **expers, -pertis + Genitiv** frei von, ohne – 2 **ignotus** fremd – **derisus, -us m.** Gespött – 3 **venari** jagen – **asellus** Esel (→ 6.2) – 4 **contegere, -tego, -tēxi, -tēctum** verbergen – **frutex, -ticis m.** Strauch, Gebüsch – 5 **insuetus** ungewohnt – **fera** Tier – 6 **ipse** auf den Löwen zu beziehen – **excipere,**

-cipio, -cepi, -ceptum abfangen, aufgreifen – **hic** (Adverb) hierauf – **auritulus** Langohr (→ 10) – 7 **tollit** narratives Präsens – **turbare** verwirren – **novum miraculum** wunderliche Neuigkeit – 9 **pavēre** (vor Angst) zittern – 10 **affligere** niederschlagen – **horrendus** schauerlich – 11 **fessus** erschöpft – **asinus** Esel – **evocare** (aus dem Versteck) hervorrufen – 12 **premere** hier: zurückhalten, dämpfen – **insolens, -ntis** übermütig – **insolens** erg. dixit (→ 6.12) – 13 **opera vocis meae** (→ 4) – 14 **inquit** erg. leo (→ 6.12) – 15 **animum genusque** Wesen und Herkunft weisen den Esel als »Sklaven« aus, der keinen Anspruch auf Belohnung für eine Leistung hat

XII. CERVUS AD FONTEM

Laudātīs ūtiliōra quae contempseris
saepe invenīrī testis haec nārrātiō est.
Ad fontem cervus, cum bibisset, restitit
et in liquōre vīdit effigiem suam.
Ibi dum rāmōsa mīrāns laudat cornua
crūrumque nimiam tenuitātem vituperat,
vēnantum subitō vōcibus conterritus
per campum fugere coepit et cursū levī
canēs ēlūsit. Silva tum excēpit ferum,
in quā retentīs impedītus cornibus
lacerārī coepit morsibus saevīs canum.
Tunc moriēns vōcem hanc ēdidisse dīcitur:
»Ō mē īnfēlīcem, quī nunc dēmum intellegō,
ūtilia mihī quam fuerint quae dēspēxeram,
et quae laudāram quantum luctūs habuerint!«

WDH *bibere – campus – contemnere – cornu – cursus – dum – edere – excipere – felix – fugere – impedire – incipere – intellegere – invenire – levis – mirari – mori – narrare – nimius – perterrere –*

quam – quantus – resistere – retinere – tenuis – testis – tum – tunc – utilis – vituperare

1 **laudatis** erg. rebus (→ 6.12) – 2 **narratio, -onis f.** < narrare – 1/2 **lies**: haec narratio testis est ea, quae contempseris saepe utiliora laudatis inveniri – 3 **fons, fontis m.** Quelle – **cervus** Hirsch – **resistere, resisto, restiti** stehen bleiben – 4 **liquor, -oris m.** Wasser – **effigies, -ei f.** Spiegelbild; der Blick in den Spiegel brachte nach antikem Glauben Unglück, wie die Sage von Narcissus zeigt, der sich in seine eigenes Spiegelbild verliebt und dafür bestraft wird; beim Hirsch offenbart der Blick in den Spiegel die Fehleinschätzung und damit die Diskrepanz zwischen »Schönheit« und »Nutzen« – 5 **ramosus** verästelt – 6 **crus, cruris n.** Lauf, Bein – **tenuitas, -tatis f.** < tenuis – 7 **venari, venor, venatus sum** jagen – **venantum** = venantium (Substantiv) – **conterrere, -eo** = perterrere – 8 **fugere coepit** (→ 5) – 9 **canis, -is m.** (Jagd)Hund – **eludere, -ludo, -lusi, -lusum + Akkusativ** foppen, entkommen; der Begriff charakterisiert den Gladiator, der seinem Gegner durch Gewandtheit entkommt – 12 **lacerare** zerfleischen – **lacerari coepit** (→ 5) – **morsus, -us m.** Biss – **ēdere, ēdo, ēdidi, ēditum** von sich geben – 13 **infelix, -icis** < in+felix – 14 **despicere, -spicio, -spexi, -spectum** verachten – **utilia fuerint** Subjekt ist der folgende RS – 15 **laudāram** (→ 9.1) – **luctus, -us m.** trauriges Leid – **luctus** partitiver Genitiv zu quantum – **habuerint** Subjekt ist der vorangehende RS

XIII. VULPES ET CORVUS

Quī sē laudārī gaudet verbīs subdolīs,
ferē dat poenās turpī poenitentiā
Cum dē fenestrā corvus raptum caseum
comesse vellet, celsā residēns arbōre,
vulpes hunc vīdit, deinde sīc coepit loquī:

»Ō quī tuārum, corve, pennārum est nitor!
Quantum decōris corpore et vultū geris!
Sī vōcem habēres, nūlla prior āles foret.«
At ille stultus, dum vult vōcem ostendere,
ēmīsit ōre cāseum, quem celeriter
dolōsa vulpes avidīs rapuit dentibus.
Tum dēmum ingemuit corvī dēceptus stupor.

WDH *arbor – at – celer – decipere – decus – deinde – demum – dens – dum – fere – gaudere – gerere – incipere – loqui – mittere – os – ostendere – poena – prior – quantus – rapere – tum – turpis – vultus*

1 **subdolus** trügerisch – 2 **poenas dare** (Bußgeld geben) bestraft werden – **poenitentia** Reue – 3 **fenestra** Fenster – **corvus** Rabe – **caseus** Käse – 4 **comesse** verzehren – **celsus** hoch(-ragend) – **residere. -eo, -ui** sitzen – **celsa arbore** (→ 9.4) – 5 **vulpes, -is f.** Fuchs – **coepit loqui** (→ 5) – 6 **qui** was für ein – **pennae, -arum f.** Gefieder – **nitor, -oris m.** Glanz – 7 **corpore et vultu** (→ 9.4) – 8 **prior, -oris** überlegen – **ales, alitis f.** Vogel (→ 10) – **foret** (→ 7) – 10 **emittere** < e+mittere – 11 **dolosus** listig – **avidus** gierig – 12 **ingemiscere.-gemisco, -gemui** stöhnen – **stupor, -oris m.** Dummheit (→ 4)

XV. ASINUS AD SENEM PASTOREM

In prīncipātū commūtandō saepius
nīl praeter dominī mōres mutant pauperēs.
Id esse vērum parva haec fābella indicat.
Asellum in prātō timidus pāscēbat senex.
Is hostium clāmōre subitō territus
suadēbat asinō fugere, nē posset capī.
At ille lentus: »Quaeso, num bīnās mihī
clītellās impositūrum victōrem putas?«

Senex negāvit. »Ergō quid refert meā,
cuī serviam clītellās dum portem meās?«

WDH *at – capere – dum – ergo – imponere – mos – mutare – negare – num – pauper – praeter – putare – referre – senex – servire – suadere – timidus – verus – victor*

1 **principatus, -us m.** Herrschaft – **commutare** = mutare (→ 9.6) – 2 **nil** (→ 9.1) – 3 **fabella** (→ 6.2) – **indicare** anzeigen, verraten – 4 **asellus** Esel (→ 6.4) – **pratum** Wiese – **pascere, -pasco, pavi, pastum** weiden, fressen lassen – 6 **suadēre** hier mit Infinitiv statt Gliedsatz – **asinus** Esel – 7 **lentus** gleichgültig, gemächlich – **quaeso + direkter FS** ich frage – **bini, -ae, -a** zwei – 8 **clitellae, -arum f.** Packsattel – **refert mea + indirekter FS** mir liegt daran – 10 **dum + optativer Konjunktiv** wenn nur

XXI. LEO SENEX, APER, TAURUS ET ASINUS

Quīcumque āmīsit dīgnitātem prīstinam
īgnāvīs etiam iocus est in cāsū gravī.
Dēfectus annīs et dēsertus vīribus
leō cum iacēret spīritum extrēmum trahēns,
aper fulmineīs ad eum vēnit dentibus
et vindicāvit ictū veterem iniūriam.
Īnfēstīs taurus mox cōnfōdit cornibus
hostīle corpus. Asinus, ut vīdit ferum
impūne laedī, calcibus frontem extūdit.
At ille exspīrāns: »Fortēs indīgnē tulī
mihī īnsultāre; tē, nātūrae dedecus,
quod ferre cōgor, certē bis videor morī.«

WDH *amittere – at – casus – certe – cogere – cornu – deficere – dens – deserere – dignitas – extremus – ferre – fortis – frons – gravis – hostis – iacēre – ignavus – iniuria – laedere – mori –*

quicumque – trahere – vetus – videre – videri – vindicare – vis
1 **pristinus** ehemalig – 2 **iocus** Gespött – 4 **spiritus, -us m.** Atem(-zug) – **trahere** (mühsam) einziehen – 5 **aper, apri m.** Eber – **fulmineus** blitzend, mörderisch – **dens, dentis m.** Hauer – 6 **ictus, -us m.** Stoß – 7 **infestus** feindlich – **taurus** Stier – **mox** hierauf – **confodere, -fodio, -fōdi, -fossum** durchbohren – 8 **hostilis, -e** < hostis – **asinus** Esel – **ferus** Tier (→ 10) – 9 **impune** ungestraft – **calx, calcis f.** Huf – **extundere, -tundo, -tudi, -tusum** zerschlagen – 10 **exspirare** den Geist aufgeben – **exspirans** erg. dixit (→ 6.12) – **indigne** mit Unwillen – 11 **insultare + Dativ** verhöhnen – **dedecus, -decoris n.** Schandfleck – 11/12 **te ... cogor** lies: quod cogor te ferre, naturae dedecus – 12 **certe** Bezug auf bis – **bis** zweimal

XXII. MUSTELA ET HOMO

Mūstēla ab homine prēnsa cum īnstantem necem
effugere vellet: »Parce, quaeso« inquit »mihī,
quae tibī molestīs mūribus pūrgō domum.«
Respondit ille: »Faceres sī causā meā
grātum esset et dedissem veniam supplicī.
Nunc quia labōrās, ut fruāris relīquiīs,
quās sunt rōsūrī, simul et ipsōs dēvorēs,
nōlī imputāre vānum beneficium mihī.«
Atque ita locūtus improbam lētō dedit.
Hoc in sē dictum dēbent illī agnōscere,
quōrum prīvāta servit ūtilitās sibī
et meritum ināne iactant imprūdentibus.

WDH *beneficium – comprehendere – causa – effugere – frui – gratus – iactare – improbus – inanis – instare –laborare – loqui – molestus – necare – nolle – parcere – privatus – quia – respondere – reliquus – servire – simul – supplex – utilis*

1 **mustela** Wiesel; wurde wie eine Katze als Haustier gehalten – **prehendere, -prehendo, -prehendi, -pre(he)nsum** = comprehendere (→ 9.6) – **nex, necis f.** < necare – 2 **quaeso** bitte – 3 **mus, muris m.** Maus – **purgare** säubern – 4 **si** vor facere stellen – **meā causā** meinetwegen – 5 **dedissem** = darem (→ 9.5) – **venia** Gnade – 6 **nunc** hier: nun aber – **reliquiae, -arum f.** < reliquus – 7 **rodere, -rodo, rosi, rosum** annagen – **rosuri sunt** = rodent (→ 6.11) – **rosuri** erg. mures (→ 6.12) – **devorare** verschlingen – 8 **imputare** in Rechnung stellen – 9 **improbam** erg. mustelam (→ 6.12) – **letum** Tod – 10 **in + Akkusativ** gegen – **dictum** erg. esse (→ 6.12) – **agnoscere + aci** erkennen – 11 **utilitas, -tatis f.** < utilis (→ 4) – **quorum … sibi** lies: qui suae privatae utilitati serviunt – 12 **meritum** Verdienst, Leistung – **inanis, -e** eingebildet, angeblich – **iactare + Akkusativ** mit etw. prahlen – **imprudens, -ntis** ahnungslos

XXIII. CANIS FIDELIS

Repente līberālis stultīs grātus est,
vērum perītīs irritōs tendit dolōs.
Nocturnus cum fūr pānem mīsisset canī
obiectō temptāns ān cibō posset capī:
»Heus« inquit »linguam vīs meam praeclūdere,
nē lātrem prō rē dominī? Multum fallēris.
Namque ista subita mē iubet benīgnitās
vigilāre, faciās nē meā culpā lucrum.«

WDH *an – capere – culpa – fallere – iste – mittere – multum – obicere – peritus – repente – res – subitus – temptare – tendere – verum*

fidelis, -e treu, zuverlässig – 1 **liberalis, -e** freigebig – 2 **irritus** erfolglos – **tendere** spannen; Ausdruck aus der Jägersprache – **dolus** hier: Fangnetz – 3 **nocturnus** nächtlich –

fur, furis m. Dieb – **panis, -is m.** Brot(-stück) – **canis, -is m.** Hund – 4 **temptans** finale Sinnrichtung (→ 8) – **posset capi** erg. canis (→ 6.12) – 5 **inquit** erg. canis (→ 6.12) – **linguam praecludere** das Maul stopfen – 6 **latrare** bellen – **dominus** hier: Herrchen – 7 **namque** = nam – **iste** = tuus – **benignitas, -tatis f.** Freigebigkeit – 8 **vigilare** wachsam sein – **facias ne** lies: ne facias (→ 9.7) – **lucrum** Gewinn

XXIV. RANA RUPTA ET BOS

Inops, potentem dum vult imitārī, perit.
In prātō quondam rāna cōnspēxit bovem
et tācta invidiā tantae māgnitūdinis
rugōsam īnflāvit pellem: tum nātōs suōs
interrogāvit, an bove esset lātior.
Illī negārunt. Rūrsus intendit cutem
māiōre nīsū et similī quaesīvit modō,
quis māior esset. Illī dīxerunt bovem.
Novissimē indīgnāta dum vult validius
īnflāre sēsē, ruptō iacuit corpore.

WDH *an – conspicere – dum – iacēre – imitari – intendere – invidia – maior – negare – perire – potens – quaerere – quondam – rumpere – similis – tangere – tantus – tum – uter – validus*

1 **inops, -opis** machtlos – 2 **pratum** Wiese – **rana** Frosch – **bos, bovis m./f.** Ochse, Rind; der Ochse ist nicht, wie die Überschrift erwarten lässt, Gegenspieler des Frosches, sondern »stummer« Auslöser für das Geltungsbedürfnis des »Kleinen«; Gegenspieler sind die Kinder des Frosches – 3 **tangere, tango, tetigi, tactum** hier: ergreifen – **magnitudo, -dinis f.** < magnus – 4 **rugosus** runzlig – **inflare** aufblasen; das Bild vom aufgeblasenen Frosch ist sprichwörtlich; so bei Petron, Satyricon 74, 13: at inflat se tamquam rana; Horaz Sat. II 3, 314–319 – **pellis, -is f.** (grobe, raue) Haut –

natus Sohn, Pl. Kinder – 5 **latus** ausgedehnt – **6 cutis, -is f.** (glatte) Haut (→ 3); Phaedrus will keine Differenzierung zu pellis, sondern nur variieren – 7 **nisus, -us m.** Anstrengung – 8 **quis** statt uter (→ 6.9) – **bovem** erg. maiorem esse (→ 6.12) – 9 **novissime** zuletzt – **indignari** sich empören – 10 **sese** = se (→ 9.3) – **rumpere, rumpo, rupi, ruptum** zerreißen; pass. platzen

XXVI. VULPIS ET CICONIA

Nūllī nocendum; sī quis vērō laeserit,
multandum similī iūre fābella admonet.
Vulpis ad cēnam dīcitur cicōniam
prior invītāsse et illī in patinā liquidam
pōsuisse sorbitiōnem, quam nūllō modō
gūstāre ēsuriēns potuerit cicōnia.
Quae vulpem cum revocāsset, intrītō cibō
plēnam lagōnam posuit: huīc rostrum inserēns
satiātur ipsa et torquet cōnvīvam famē.
Quae cum lagōnae collum frūstrā lamberet,
peregrīnam sīc locūtam volucrem accēpimus:
»Sua quisque exempla dēbet aequō animō patī.«

WDH *accipere – admonere – aequus – debere – incitare – ius – laedere – loqui – nocere – pati – ponere – prior – (ali)quis – quisque – similis – vero*

1 **nulli** erg. homini (→ 6.12) – **nocendum** erg. est (→ 6.12) – **laeserit** erg. aliquem (→ 6.12) – 2 **multare** bestrafen – **fabella** (→ 6.2) – 1/2 Das Promythion gibt einen (nicht nur) römischen Rechtsgrundsatz wieder »Gleiches mit Gleichem« zu vergelten – 3 **vulpis, -is f.** Fuchs – **ciconia** Storch – 4 **prior** hier: als Erster – **illi** = ei (→ 6.4) – **patina** (→ 3) Pfanne, Schüssel – **liquidus** flüssig – 5 **ponere, pono, posui, positum** hier: vorsetzen – **sorbitio, -onis f.** Suppe –

»Der geplatzte Frosch und das Rind« (I,24)

6 **gustare** kosten – **esurire** hungrig sein – **potuerit** RS mit konsekutiver Sinnrichtung – 7 **revocare** hier: im Gegenzug einladen – **interere, -tero, -trivi, -tritum** einbrocken – **cibus** Essen – **intritus cibus** bezeichnet in der römischen Küche eine »kalte Schale«, bei der Brot, Käse, Knoblauch u.a. in eine Flüssigkeit eingebrockt wurden – 8 **lagona** (→ 3) Flasche (weitbauchig mit schmalem Hals) – **rostrum** Schnabel – **inserere + Dativ** hineinstecken – 9 **satiari** sich satt essen – **torquēre** foltern – **conviva, -ae m.** Gast – **fames, -is f.** Hunger – 10 **quae** = vulpis – **collum** Hals – **lambere** lecken – 11 **peregrina volucris** Zugvogel (→ 10) – **locutam** erg. esse (→ 6.12)

XXVIII. VULPIS ET AQUILA

Quamvīs sublīmēs dēbent humilēs metuere
vindicta docilī quia patet sollertiae.
Vulpīnōs catulōs aquila quondam sustulit
nīdōque posuit pullīs, ēscam ut carperent.
Hanc persecūta māter ōrāre incipit,
nē tantum miserae luctum importāret sibī.
Contempsit illa, tūta quippe ipsō locō.
Vulpes ab ārā rapuit ardentem facem
tōtamque flammīs arbōrem circumdedit,
hostī dolōrem damnō miscēns sanguinis.
Aquila ut periclō mortis ēriperet suōs
incolumēs nātōs supplex vulpī trādidit.

WDH *ara – arbor – ardere – carpere – circumdare – contemnere – docere – humilis – importare – incipere – incolumis – metuere – miscere – mors – orare – patere – persequi – ponere – quondam – rapere – sanguis – supplex – tantus – tollere – tradere – tutus*

1 **quamvis** (Adverb) noch so – **sublimis, -e** hoch – 2 **vindicta** Vergeltung – **docilis, -e** < docere – **sollertia** Schlauheit, List

»Der Fuchs und der Storch« (I,26)

(→ 4) – 3 **vulpinus** einer Füchsin – **catulus** Junges – **aquila** Adler – **tollere, tollo, sustuli** hier: entführen (vom Fuchsbau zum Adlerhorst) – 4 **nidus** Horst – **nido** (→ 9.4) – **pullus** Küken – **esca** Speise – **ut** vor esca setzen (→ 9.7) – **carpere** hier: (in Stücke) zerreißen; fressen – 6 **luctus, -us m.** (trauriges) Leid – **importare** hier: zufügen – 7 **tutus** der Adlerhorst befindet sich in einem Baumwipfel (vgl. Vers 9) – **quippe** da ja – 8 **fax, facis f.** hier: Holzscheit – 10 **damnum** Schaden – 11 **periclum** (→ 6.5) – **suos** erg. pullos (→ 6.12) – 12 **natus** Junges

XXXI. MILUUS ET COLUMBAE

Quī sē committit hominī tūtandum improbō,
auxilia dum requīrit, exitium invenit.
Columbae saepe cum fūgissent miluum
et celeritāte pennae vītāssent necem,
cōnsilium raptor vertit ad fallāciam
et genus inerme tālī dēcēpit dolō:
»Quārē sollicitum potius aevum dūcitis,
quam rēgem mē creātis ictō foedere,
quī vōs ab omnī tūtās praestem iniūriā?«
Illae crēdentēs trādunt sēse mīluō.
Quī rēgnum adeptus coepit vescī singulās
et exercēre imperium saevīs unguibus.
Tunc dē relīquīs ūna: »Meritō plectimur.«

WDH *adipisci – aetas – celer – committere – consilium – creare – decipere – ducere – dum – exercere – foedus – genus – improbus – iniuria – incipere – invenire – merito – necare – potius – praestare – quam – quare – rapere – requirere – saevus – singuli – talis – tradere – tunc – tutus – vertere – vitare*

1 **tutari, tutor, tutatus sum** schützen – 2 **auxilia** (→ 9.2) – **exitium** Tod – 3 **columba** Taube – **mīluus** Weihe (Raubvo-

gel) – 4 **vitāssent** (→ 9.1) – **nex, necis f.** < necare – 5 **raptor** < rapere – **fallacia** List, Täuschung – 6 **genus, generis n.** Volk – **inermis, -e** wehrlos – **talis, -e** folgender – **dolus** List – 7 **sollicitus** besorgt, unruhig – **aevum** = aetas (→ 10) – **ducere** zubringen, verleben – 8 **icere, ic(i)o, ici, ictum** abschließen – 9 **praestare + doppelter** Akkusativ jmdn in einem Zustand erhalten – **praestem** RS mit konsekutiver Sinnrichtung – 10 **credentes** erg. miluo (→ 6.12) – **sese** = se (→ 9.3) – 11 **vesci, vescor** fressen – **singulas** erg. columbas (→ 6.12) – 12 **unguis, -is m.** Klaue – 13 **de** = ex – **reliquis** erg. columbis (→ 6.12) – **plecti, plector** gestraft werden, büßen

PHAEDRI LIBER FABULARUM ALTER

PROLOGUS

Exemplīs continētur Aesōpī genus;
nec aliud quicquam per fābellas quaeritur,
quam corrigātur error ut mortālium
acuatque sēsē dīligēns industria.
Quīcumque fuerit ergō nārrandī iocus,
dum capiat aurem et servet prōpositum suum,
rē commendātur, nōn auctōris nōmine.
Equidem omnī cūrā mōrem servābō senis;
sed sī libuerit aliquid interpōnere,
dīctōrum sēnsūs ut dēlectet varietās,
bonās in partēs, lector, accipiās velim,
ita, sī rependet illī brevitās grātiam.
Cuius verbōsa nē sit commendātiō,
attende, cūr negāre cupidīs dēbeās,
modestīs offerre, quod nōn petierint.

WDH *accipere – aliquis – alius – attendere – auctor – auris – brevis – commendare – continere – cupidus – debere – delectare – dictum – diligens – equidem – ergo – etiam – illic – inter – legere – negare – offerre – omnis – pars – petere – ponere – quaerere – quam – quicumque – quisquam – sensus – varius – velle*

1 **exemplum** Fallbeispiel; mit diesem Begriff werden etliche Fabeln des 2. Buches bezeichnet – **contineri + Ablativ** sich beschränken auf – **genus** hier: literarische Gattung – 2 **fabella** (→ 6.2) – 3 **error, -oris m.** hier: Fehlverhalten – 4 **acuere, acuo** steigern – **sese** = se (→ 9.3) – **industria** Eifer (gemeint: Fehler zu vermeiden) – 5 **fuerit** potentialer Kon-

junktiv – 6 **dum** mit finaler Sinnrichtung: wenn nur – **propositum** Ziel – 7 **res, rei f.** hier: Stoff – 8 **mos, moris m.** hier: Eigenart – **senex, senis m.** gemeint ist Aesop – 9 **libet + Infinitiv** es beliebt – **libuerit** Futur II zum voluntativen accipias (11) – **interponere** < inter+ponere – 10 **varietas, -tatis f.** < varius – 11 **accipere in bonas partes** geneigt aufnehmen – **lector, -oris m.** < legere – **velim** (ich) bitte ; löst einen asyndetischen Begehrssatz (accipias) aus – 12 **ita, si** vorausgesetzt, dass – **illi** gemeint ist Aesop – **gratiam rependere** Dank nicht schuldig bleiben – **brevitas** < brevis ; »Kleindichtung« ist Programm der alexandrinischen Dichtung gewesen und wurde von den Neoterikern um Catull für die röm. Dichtung übernommen – 13 **cuius** Bezug auf brevitas – **verbosus** wortreich – **commendatio, -onis f.** < commendare – 14 **attendere + indirekter FS** Acht geben – **attende** an den Leser gerichtet – 15 **modestus** bescheiden – **petierint** Futur II (→ 9.1)

IV. AQUILA, FELES ET APER

Aquila in sublīmī quercū nīdum fēcerat;
fēlēs cavernam nancta in mediā pepererat;
sūs, nemorum cultrīx fētum ad īmam posuerat.
tum fortuitum fēlēs contubernium
fraude et scelestā sīc ēvertit malitiā.
Ad nīdum scandit volucris: »Perniciēs« ait
»tibī parātur, forsān et miserae mihī;
nam fodere terram quod vides cotidiē
aprum īnsīdiōsum, quercum vult ēvertere,
ut nostram in plānō facile prōgeniem opprimat.«
Terrōre offūsō et perturbātīs sēnsibus
dērepit ad cubīle sētōsae suis:
»Māgnō« inquit »in periclō sunt nātī tuī;
nam, simul exīeris pāstum cum tenerō grege,

aquila est parāta rapere porcellōs tibī.«
Hunc quoque timōre postquam complēvit locum,
dolōsa tūtō condidit sēsē cavō.
Inde ēvagāta noctū suspēnsō pede,
ubi ēscā sē replēvit et prōlem suam,
pavōrem simulāns prōspicit tōtō diē.
Ruīnam metuēns aquila rāmīs dēsidet;
aper rapīnam vītāns nōn prōdit forās.
Quid multa? Inediā sunt cōnsūmptī cum suīs
fēlisque catulīs largam praebuerunt dapem.
Quantum homō bilinguis saepe concinnet malī,
documentum habēre stulta crēdulitās potest.

WDH *ait – ascendere – complere – condere – consumere – cot(t)idie – decipere – fraus – inde – insidiae – ire – malus – medius – metuere – nancisi – opprimere – parare – parere – pernicies – perturbare – praebere – prospicere – quantus – rapere – ruina – scelestus – sensus – simul –simulare – terror – timor – tum – tutus – ubi – velle – vitare*

1 **aquila** Adler – **sublimis, -e** hoch – **quercus, -us f.** Eiche – **nidus** Horst – 2 **feles / felis, -is m.** Marder – **caverna** (Baum-)Höhle – **media** erg. quercu (→ 6.12) – 3 **sus, suis f.** Sau – **nemus, -oris n.** Wald – **cultrix, -icis f.** Bewohnerin – **fetus, -us m.** Sprösslinge – **imus** ganz unten – **imam** erg. quercum (→ 6.12) – 4 **fortuitus** zufällig – **contubernium** Wohngemeinschaft – 5 **evertere** zerstören – **malitia** < malus – 6 **scandere** = ascendere (→ 9.6) – **volucris, -is m./f.** Vogel (→ 10) – 7 **forsan** vielleicht – 8 **fodere** wühlen – **quod** (faktisch) dass – **aper, apri m.** Wildschwein (hier geschlechtsneutral; daher nicht: Eber) – **insidiosus** < insidiae – 9 **evertere** umstürzen – **vult** hier: bezweckt – 10 **planum** (ebener) Boden – **progenies, -ei f.** Nachkommenschaft – 11 **offundere, -fundo, -fudi, -fusum** verbreiten – 12 **derepere** hinabschleichen – **derepit** narratives Präsens – **cubile, -is n.** Lager – **s(a)etosus** borstig – 13 **periclum** (→ 6.5) –

»Der Adler, der Marder und das Wildschwein« (II,4)

nati, -orum m. Kinder – 14 **pasci, pascor, pastus sum** weiden – **pastum** finales Supin I – **tener, -ra, -rum** zart – **grex, gregis m.** Schar – 15 **paratus** < parare – **porcellus** Ferkel – 16 **hunc … locum** gemeint sind natürlich die Tiere an diesem Ort – 17 **dolosus** listig – **sese** = se (→ 9.3) – **cavum** Höhle – 18 **evagari** umherstreunen – **suspensus** schwebend, schleichend – **pes, pedis m.** Pfote – **pede** (→ 9.2) – 19 **esca** Fressen – **replere** reichlich versorgen – **proles, -is f.** Nachkommenschaft – 20 **pavor, -oris m.** Angst – **prospicere, prospicio** auf der Lauer liegen – 21 **ruina** Verderben – **ramus** Zweig – **desidere, desideo** untätig sitzen – 22 **rapina** Raub – **prodire, prodeo <** prod+eo; zum Vorschein kommen – **foras** nach draußen – 23 **quid multa** erg. dicam? (→ 6.12) – **inedia** Hungern – **sunt consumpti** erg. aquila et aper (→ 6.12) – **suis** erg. natis (→ 6.12) – 24 **catulus** Junges – **largus** reichlich – **dapes, -is m.** Fressen – 25 **bilinguis, -e** doppelzüngig – **concinnare, concinno** stiften – 26 **documentum** Beweis, Beispiel – **documentum habere** beweisen – **credulitas, -tatis f.** Leichtgläubigkeit (→ 4)

V. ITEM CAESAR AD ATRIENSEM

Est ardaliōnum quaedam Rōmae nātiō,
trepidē concursāns, occupātā in ōtiō,
grātīs anhēlāns, multa agendō nīl agēns,
sibī molesta et aliīs odiōsissima.
Hanc ēmendāre, sī tamen possum, volō
vērā fābellā; pretium est operae attendere.
Caesar Tiberius cum petēns Neāpolim
in Mīsēnēnsem vīllam vēnisset suam,
quae monte summō posita Lūcullī manū
prōspectat Siculum et perspicit Tuscum mare,
ex alticinctīs ūnus ātriēnsibus,
cuī tūnica ab umerīs linteō Pēlūsiō

erat dēstrīcta, cirrīs dēpendentibus,
perambulante laeta dominō viridia,
alveolō coepit līgneō cōnspargere
humum aestuantem, cōme officium iactitāns;
sed dērīdētur. Inde nōtīs flexibus
praecurrit alium in xystum, sēdāns pulverem.
Agnōscit hominem Caesar remque intellegit.
Is ut putāvit esse nesciō quid bonī:
»Heus!« inquit dominus. Ille enimvērō assilit,
donātiōnis alacer certae gaudiō.
Tum sīc iocāta est tanta māiestās dūcis:
»Nōn multum ēgisti et opera nēquīquam perit;
multō māiōris alapae mēcum vēneunt.«

WDH *alius – bonum – certus – currere – donare – dux – hic – humus – iactare – incipere – inde – intellegere – item – laetus – molestus – natio – nequiquam – nescire – occupatus – odium – officium – opera – otium – pendere – perspicere – petere – prae – pretium – (ali)quid – quidam – tantus – tum – velle – vēnire – verus*

item verweist auf die Parallelität zur Fabel II 3: So wie Aesop zu jemandem spricht, den ein wilder Hund gebissen hat, so spricht Kaiser Tiberius zu einem Hausmeister – 1 **ardalio, -onis m.** »Gschaftlhuber« (geschäftig tuender Taugenichts) – **Romae** in Rom – **natio, -onis f.** hier: Volk – 2 **trepidus** hastig – **concursare** hin und her laufen – **occupatus** beschäftigt – 3 **gratis** ohne Entgelt – **anhelare** hecheln, schnaufen – **nil** (→ 9.1) – **4 odiosus** < odium – 5 **emendare** bessern – **si tamen** wenn nur – 6 **fabella** (→ 6.2) – **operae pretium est** es lohnt die Mühe – **attendere** aufpassen – 7 **Caesar**; einer der Titel römischer Kaiser – **Tiberius** Tiberius , röm. Kaiser von 14–37 n. Chr.; die anekdotische Fabel hat zeitgenössischen Hintergrund – **Neapolis, -is f.** Neapel; nicht weit davon besaß Tiberius ein Landhaus – 8 **Misenensis, -e** auf dem Kap Misenum, einem

Vorgebirge bei Neapel, besaß Tiberius eine villa maritima, die früher Eigentum des Lucullus gewesen war – 9 **Lucullus** L. Licinius Lucullus (Konsul 74 v. Chr.) war bekannt für seinen Hang zu Luxus – **prospectare + Akkusativ** einen Ausblick bieten auf – **Siculus** sizilisch – **Tuscus** tyrrhenisch – **mare Siculum** bezeichnet nicht Sizilisches Meer, sondern den Blick über das Meer nach Sizilien (Richtung Süden) – **mare Tuscum** der Teil des Mittelmeers zwischen der Westküste Italiens und den Inseln Sardinien, Korsika und Sizilien; die Villa bietet also einen Ausblick auf »zwei« Meere – 11 **alticinctus** hochgeschürzt (mit hochgegürteter Tunika kann man schneller laufen) – **atriensis, -is m.** Hausmeister – 12 **tunica** Tunika (röm. Untergewand) – **umerus** Schulter – **linteum** Leinen – **Pēlusius** aus Pelusium; Stadt in Ägypten, die vor allem durch ihren Flachs bekannt war, aus dem eine berühmte Sorte Leinen hergestellt wurde – 13 **destringere**, **-stringo, -strinxi, -strictum** abstreifen – **cirrus** Fransen – **dependere** < de+pendere – 14 **perambulare** spazieren durch – **domi-nus** hier: Herrscher (Herrschertitel) – **viridia, -ium n.** Parkanlagen – 15 **alveolum** (kleiner) Trog – **ligneus** aus Holz – **conspargere** besprengen – **coepit conspargere** (→ 5) – 16 **aestuare** vor Hitze glühen – **comis, -e** fröhlich – **iactitare** < iactare – 17 **deridere** spöttisch belächeln – **deridetur** (und folgende) narratives Präsens – **flexus, -us m.** Windung – **praecurrere** < prae+currere – 18 **xystus** (→ 3) Terrasse; auch offener Säulengang im Garten zum Lustwandeln – **sedare** sich setzen lassen – **pulvis, -eris m.** Staub – 19 **agnoscere** (wieder) erkennen – **res, rei f.** Absicht – 20 **nescio quid** irgendetwas – 21 **heus!** he! (→ 6.3) – **enimvero** in der Tat – **assilire** (diensteifrig) herbeispringen – 22 **donatio, -onis f.** < donare – **alacer, -cris, -cre** aufgeregt – 23 **iocari** scherzen – **maiestas, -tatis f.** Hoheit – **dux, ducis m.** hier: Kaiser – 24 **multum** bezeichnet hier nicht die Menge, sondern die Wichtigkeit – **nequiquam** erfolglos – **perire** hier: vergeudet werden –

25 **maior** hier: teurer – **maioris** genitivus pretii zu veneunt – **alapa** (symbolische) Ohrfeige (bei der Freilassung eines Sklaven); der Backenstreich als symbolisches Zeichen der »Freilassung« hat sich noch im Backenstreich des Bischofs bei der Firmung erhalten – **mecum** bei mir

VI. AQUILA ET CORNIX

Contrā potentēs nēmō est mūnītus satis;
sī vērō accessit cōnsiliātor maleficus,
vīs et nēquitia quicquid oppūgnant, ruit.
Aquila in sublīme sustulit testūdinem.
Quae cum abdidisset corneā corpus domō
nec ūllō pactō laedī posset condita,
vēnit per aurās cornīx et propter volāns:
»Opīmam sānē praedam rapuisti unguibus;
sed nisī mōnstrārō quid sit faciendum tibī,
gravī nēquīquam tē lassābit pondere.
Prōmissā parte suadet, ut scopulum super
altīs ab astrīs dūram illīdat corticem,
quā comminūtā facile vescātur cibō.
Inducta verbīs aquila monitīs paruit,
simul et magistrae largē dīvīsit dapem.
Sīc tūta quae nātūrae fuerat mūnere,
impār duābus occidit trīstī nece.

WDH *accedere – aura – condere – consilium – dividere – gravis – minuere – munire –munus – necare – nemo – oppugnare – par – parēre – pars – pondus – potens – promittere – propter – qui – quis – quisquis – rapere – sane – satis – simul – suadere – super – tollere – tristis – ullus – vero – vis*

2 **consiliator** < consilium – **maleficus** bösartig – 3 **nequitia** Nichtsnutzigkeit – **ruere** zugrunde gehen – **vis … ruit** lies: quicquid vis et nequitia oppugnant ruit; FS ist Subjekt zu

ruit – 4 **aquila** Adler – **sublime, is n.** Höhe – **testudo, -dinis f.** Schildkröte – 5 **quae** Bezug auf testudinem – **abdere, -do, -didi, -ditum** verbergen – **corneus** aus Horn – 6 **nec ullo pacto** auf keine Weise – 7 **auras** (→ 9.2) – **cornix, -icis f.** Krähe – **propter** (Adverb) daneben – **volare** fliegen – **volans** erg. dixit (→ 6.12) – 8 **opimus** stattlich – **unguis, -is m.** Klaue – 9 **monstrāro** (→ 9.1) – 10 **nequiquam** vergeblich – **lassare** ermüden – **lassabit** erg. testudo (→ 6.12) – 11 **scopulus** Klippe – **suadet** narratives Präsens – 12 **astrum** (→ 3) Gestirn – **illīdere** zerschmettern – **illidat** statt illideret – **cortex, -icis f.** Panzer – 13 **comminuere** zerschmettern – **vesci** sich ernähren – **vescatur** statt vesceretur – **cibus** Speise – ad 11–13 Die Methode, durch Zerschmettern der Schale an Nahrung heranzukommen, ist in der Natur belegbar, z.B. Fischotter, die mit Hilfe von Steinen Muscheln knacken; nach einer Legende starb der Dichter Aischylos durch eine herabgeworfene Schildkröte – 14 **inducere** verleiten – **monita, -orum n.** Ratschläge – **monita** (→ 9.2) – 15 **magistra** Lehrmeisterin – **largus** reichlich – **daps, dapis f.** Mahl – **impar, -is** < in+par; unterlegen – **nex, necis f.** < necare

VII. MULI DUO VECTORES

Mūlī gravātī sarcinīs ībant duo;
ūnus ferēbat fiscōs cum pecūniā,
alter tumentēs multō saccōs hordeō.
Ille onere dīves celsā cervice ēminēns
clārumque collō iactāns tintinnābulum
comes quiētō sequitur et placidō gradū.
Subitō latrōnēs ex īnsidiīs advolant
interque caedem ferrō mūlum sauciant,
dīripiunt nummōs, neglegunt vīle hordeum.
Spoliātus igitur casūs cum flēret suōs,

»Equidem« inquit alter »mē contemptum gaudeō.
nam nīl āmīsī nec sum laesus vulnere.«
Hōc argūmentō tūta est hominum tenuitās;
māgnae perīclo sunt opēs obnoxiae.

WDH *alter – amittere – caedes – comes – contemnere – dives – equidem – gradus – gravis – hic – iactare – igitur – ille – insidiae – que – quietus – rapere – sequi – tenuis – tutus – vehere – vulnus*

vector < vehere; Träger – 1 **mulus** Maulesel – **gravare** < gravis – **sarcina** Last – 2 **fiscus** (geflochtener) Korb – **fiscos** der Esel trägt mindestens zwei Geldkörbe: auf jeder Seite einen – 3 **tumere, tumeo** strotzen – **saccus** Sack – **hordeum** Gerste – 4 **celsus** hochragend – **cervix, -icis f.** Nacken – **eminēre** emporragen – 5 **collum** Hals – **tintinnabulum** Schelle – 4/5 **ille … tintinnabulum** erg. ibat (→ 6.12) – 6 **sequitur** (und folgend) narratives Präsens – 7 **advolare** heranstürmen – **caedes** der oder die Begleiter der Esel werden niedergemacht – 8 **saucire** verwunden – 9 **diripere** < rapere – **nummus** Münze – **vilis, -e** wertlos – 10 **spoliare** ausplündern – **casus, -us m.** Unglück – **casus** (→ 9.2) – **flere, fleo** beweinen – 11 **contemptum** erg. esse (→ 6.12) – 12 **nil** (→ 9.1) – 13 **argumentum** Erzählung – **tenuitas, -tatis f.** < tenuis – 14 **periclo** (→ 6.5) – **opes, opum f.** Reichtum – **obnoxius** (einem Übel) ausgesetzt – 13/14 das Maultier mit der Gerste steht nicht nur für die Sicherheit des Armen, sondern auch für die Zufriedenheit des (philosophisch) Vernünftigen, während der Stolz des Geld tragenden Esels auf (lebens-)fremden Gütern beruht; die Fabel reflektiert zeitgenössische kynisch-stoische Philosophie

VIII. CERVUS ET BOVES

Cervus nemorōsīs excitātus latibulīs,
ut vēnātōrum fugeret īnstantem necem,
caecō timōre proximam villam petit
et opportūnō sē bovīlī condidit.
Hīc bōs latentī: »Quidnam voluisti tibī,
īnfēlix, ultrō quī ad necem cucurreris
hominumque tēctō spīritum commīseris?«
At ille supplex: »Vōs modō« inquit »parcite!
occāsiōne rūrsus ērumpam datā.«
Spatium diei noctis excipiunt vicēs.
Frondem bubulcus adfert, nīl ideō videt.
Eunt subinde et redeunt omnēs rūsticī,
nēmō animadvertit: trānsit etiam vīlicus,
nec ille quicquam sentit. Tum gaudēns ferus
būbus quiētīs agere coepit grātiās,
hospitium adversō quod praestiterint tempore.
Respondit ūnus: »Salvum tē cupimus quidem;
sed ille, quī oculōs centum habet, sī vēnerit,
māgnō in perīclō vīta vertētur tua.«
Haec inter ipse dominus ā cēnā redit
et quia corruptōs vīderat nūper bovēs,
accēdit ad praesēpe: »Cūr frondis parum est,
strāmenta dēsunt? Tollere haec arānea
quantum est labōris?« Dum scrūtātur singula
cervī quoque alta cōnspicātur cornua;
quem convocātā iubet occīdī familiā
praedamque tollit. *Haec sīgnificat fābula*
dominum vidēre plūrimum in rēbus suīs.

WDH *accedere – adferre – animadvertere – at – committere – condere – conspicere – cornu – corrumpere – cupere – dum – erumpere – excipere – excitare – felix – fugere – hic – ideo – ille – incipere – instare – interea – ipse – iubere – labor – modo – necare*

– nox – nuper – occasio – occīdere – omnis – opportunus – parcere – parum – petere – praeda – praestare – proximus – quantus – qui – quia – quidem – quietus – quis – quisquam – rumpere – rursus – significare – singuli – supplex – tectum – timor – tollere – transire – tum – velle – vertere

1 **cervus** Hirsch – **nemorosus** waldreich – **latibulum** Versteck – **latibulis** (→ 9.2) – 2 **venator, oris m.** Jäger – **nex, necis f.** < necare – 3 **caecus** blind (machend) – 4 **bovile, -is n.** Rinderstall – 5 **hic** (Adverb) darauf – **bos, bovis m./f.** Ochse, Rind – **latēre** sich versteckt halten – **latenti** erg. cervo dixit (→ 6.12) – **velle + Dativ** (→ 6.1) bezwecken – 6 **infelix** < in+felix – **ultrō** freiwillig – **cucurreris** RS mit kausaler Sinnrichtung – 7 **spiritus, -us m.** Leben – **commiseris** vgl. cucurreris (V. 6) – 8 **parcite** erg. mihi (→ 6.12) – 10 **excipere** ablösen – **vices f.** Phase – **noctis vices** die Nacht löst im Wechsel den Tag ab – 11 **frons, frondis f.** Laub; dient als Rinderfutter – **bubulcus** Ochsenknecht – 12 **subinde** häufig – **rusticus** Bauer – 13 **animadvertit** erg. cervum (→ 6.12) – **vilicus** Gutsverwalter – 14 **ferus** Tier (→ 10) – 15 **būbus <** *bovibus – **agere coepit** (→ 5) – 16 **hospitium** Gastfreundschaft – **praestiterint** statt praestitissent; obliquer Konjunktiv – 17 **unus** erg. e bubus (→ 6.12) – **salvus** unversehrt – **salvum** erg. esse (→ 6.12) – 18 **sed … venerit** lies: sed si ille, qui centum oculos habet, venerit – 19 **periclo** (→ 6.5) – **verti, vertor, versus sum** sich befinden – 20 **haec inter** = interea – 21 **corruptus** hier: verwahrlost – 22 **praesepe, -is n.** (Futter-)Krippe – 23 **stramentum** Stroh – **araneum** Spinnwebe – 24 **scrutari,** untersuchen – 25 **alta** die Geweihspitzen schauen oben heraus – **conspicari** = conspicere – 28 **plurimum** am meisten – **res, rei f.** Angelegenheit – **dominum … suis** diese sprichwörtliche Wendung findet sich z.B. auch bei Plin. Nat. 18,43: maiores nostri fertilissimum in agro oculum domini esse dixerunt

EPILOGUS

Aesōpī ingeniō statuam posuēre Atticī
servumque collocārunt aeternā in basī,
patēre honōris scīrent ut cunctī viam
nec generī tribuī, sed virtūtī glōriam,
quoniam occupārat, alter nē prīmus foret,
nē sōlus esset studuī; quod superfuit:
nec haec invidia, vērum est aemulātiō.
Quodsī labōrī fāverit Latium meō
plūrēs habēbit, quōs oppōnat Graeciae.
Sī līvor obtrectāre cūram voluerit,
nōn tamen ēripiet laudis cōnscientiam.
Si nostrum studium ad aurēs pervenit tuās
et arte fictās animus sentit fābulās,
omnem querēlam submovet fēlīcitās.
Sīn autem doctus illīs occurrit labor,
sinistra quōs in lūcem nātūra extulit
nec quicquam possunt nisī meliōrēs carpere,
fātāle exitium corde dūrātō feram,
dōnec Fortūnam crīminis pudeat suī.

WDH *aeternus – alter – auris – carpere – collocare – cor – crimen – cuncti – donec – durus – efferre – fas – fatum – felix – fingere – hic – honor – ille – ingenium – invidia – labor – laus – lux – melior ob – occupare – occurrere – omnis – patere – pervenire – que – qui – quisquam – quodsi – quoniam – scire – sin – sinister – status – tribuere – velle – verum*

1 **posuere** (→ 7) – **Atticus** Athener – 2 **servus** Aesop entstammt dem Sklavenstand – **collocārunt** (→ 9.1) – **basis, -is f.** (→ 3) Sockel – 3 **patere … viam** lies: ut cuncti scirent patere honoris viam (→ 9.7) – 4 **genus, -eris n.** Abstammung – **nec … gloriam** lies: nec gloriam tribui generi, sed virtuti – 5 **occupare** die erste Stelle besetzen – **occupārat** (→ 9.1) erg. Aesopus (als Erfinder der griech. Fabel;

»Der Hirsch und die Rinder« (II,8)

→ 6.12) – **foret** (→ 7) – 6 **solus esset** erg. Aesopus (→ 6.12); Phaedrus beansprucht als Erfinder der lat. Fabel einen Platz neben Aesop – **quod superest** schließlich – **superfuit** = superest (→ 9.5) – 7 **haec** Phaedrus meint die eigene Fabeldichtung – **aemulatio, -onis f.** literarischer Wetteifer (des lat. Autors mit dem griech. Autor) – 8 **Latium** Latium (→ 4) – 9 **plures** erg. auctores (→ 6.12); Phaedrus stellt sich in eine Reihe mit röm. Autoren wie Horaz (Lyrik), Vergil (Epos), Ovid (Elegie), Cicero (Philosophie), die jeweils eine literarische Gattung in Rom heimisch gemacht haben – **opponat** explikativer oder potentialer Konjunktiv im FS – 10 **livor, -oris m.** (blasser) Neid (→ 9.2; 10) – **obtrectare** herabsetzen – **cura** hier: dichterisches Bemühen – 11 **conscientia** Bewusstsein – **laus, laudis f.** Verdienst, Ruhm – **non tamen … laudis conscientiam** das gleiche dichterische Bewusstsein findet sich bei Horaz, c III 30, 1: exegi monumentum aere perennius und bei Ovid, Metamorphosen XV 871: iamque opus exegi – 12 **tuas** an den Leser gerichtet – 13 **fictas** erg. esse (→ 6.12) – 14 **querela** Klage – **submovere** beseitigen – **felicitas, -tatis f.** < felix – 15 **doctus … labor** »Gelehrsamkeit« und »mühevolles Ausfeilen«: literarische Forderung der alexandrinischen Dichtung, die von den Neoterikern um Catull übernommen wurde – **illis** = eis (→ 6.4) – 16 **sinister, -tra, -trum** böswillig 17 **nec quicquam … nisi** nichts außer – **possunt** erg. Subj. qui (→ 6.12) – **carpere** kritisch zerpflücken – 18 **fatalis, -e** < fatum – **exitium** Ende – **durare** < durus – 19 **me pudet alicuius rei** ich schäme mich für etw. – **Fortuna** Schicksalsgöttin

PHAEDRI LIBER FABULARUM TERTIUS

I. ANUS AD AMPHORAM

Anus iacēre vīdit ēpōtam amphoram,
adhūc Falernā faece ē testā nōbilī
odōrem quae iocundum lātē spargeret.
Hunc postquam tōtīs avida trāxit nāribus:
»O suāvis anima! quāle tē dīcam bonum
antehāc fuisse, tāles cum sint reliquiae?«
Hoc quō pertineat, dīcet quī mē nōverit.

WDH *adhuc – anima – hic – nōbilis – novisse – iacēre – latus – pertinere – qualis – qui – quo – talis – trahere*

1 **anus, -us f.** Alte; für Smyrna (heute Izmir) ist ein Marmorbild »Betrunkene Alte« bezeugt; im Kapitolinischen Museum befindet sich das hellenistische Marmorbild einer sitzenden alten Frau, die ein großes Gefäß mit Armen und Beinen umfasst und den Kopf ekstatisch zurückwirft; es ist denkbar, dass sich Phaedrus von dieser Statue hat anregen lassen – **epotare** leer trinken – **amphora** (→ 3) (zweihenkeliger) Krug – 2 **Falernus** falernisch; der Falernerwein war der berühmteste Wein der Campania – **faex, faecis f.** (Wein-)Hefe; Bodensatz – **testa** Scherbe (der Krug liegt nach Gebrauch zerbrochen da) – **nobilis** wegen des edlen Weines – 3 **odor, -oris m.** Duft – **iocundus** archaisch statt iucundus (→ 7) – **spargere** verbreiten – 4 **toti, -ae, -a** alle – **avidus** begierig – **naris, -ris f.** Nasenloch – **trahere** einziehen – **naribus** erg. dixit (→ 6.12) – 5 **suavis, -e** lieblich, süß – **anima** hier: Duft; er entströmt dem Gefäß wie die Seele dem Körper – 6 **antehac** vorher – **cum** vor tale zu ziehen

(→ 9.7) – **reliquiae, -arum f.** (Über-)Rest – 7 **hoc** Bezug auf den Inhalt der Fabel; das Epimythion ist rätselhaft formuliert und nur für den wissenden Leser verständlich

II. PANTHERA ET PASTORES

Solet ā dēspectīs pār referrī grātia.
Panthēra imprūdēns ōlim in foveam dēcidit.
Vīdēre agrestēs: aliī fūstīs congerunt,
aliī onerant saxīs; quīdam contrā miseritī
peritūrae quippe, quamvīs nēmō laederet,
mīsēre pānem, ut sustinēret spīritum.
Nox insecūta est: abeunt sēcūrī domum,
quasi inventūrī mortuam postrīdiē.
At illa, vīrēs ut refēcit languidās,
vēlōcī saltū foveā sēsē līberat
et in cubīle concitō properat gradū.
Paucīs diēbus interpositīs prōvolat,
pecus trucidat, ipsōs pāstōrēs necat,
et cuncta vāstāns saevit īrātō impetū.
Tum sibī timentēs, qui ferae pepercerant,
damnum haud recūsant, tantum prō vītā rogant.
At illa: »Meminī quī mē saxō petīerit,
quī pānem dederit: vōs timēre absistite!
Illīs revertor hostis, quī mē laeserunt.«

WDH *alius … alius – at – cadere – gradus – haud – hostis – ille – impetus – invenire – insequi – ipse – ira – laedere – memini – necare – nox – olim – onus – par – parcere – pecus – perire – petere – properare – quasi – qui – quidam – referre – reficere – reverti – rogare – saevus – saxum – solere – sustinere – tantum – tum – vis*

1 **despicere, -spicio, -spexi, -spectum** verachten – **despectis** erg. hominibus (→ 6.12) – 2 **panthera** (→ 3) Panther –

»Betrunkene Alte« (vgl. III,1)

imprudens, -ntis unvorsichtig – **fovea** Fallgrube – **decidere** < de+cadere – 3 **vidēre** (→ 7); Objekt ist der Inhalt des Verses 2 – **agrestis, -is m.** Bauer (→ 10) – **fustis, -is m.** Knüppel – 3/4 **congerunt ... onerant** erg. pantheram (→ 6.12) – **congerere fustis** mit Knüppeln traktieren – 4 **onero** < onus, oneris – **contra** dagegen – **misereri + Genitiv** Mitleid haben mit – 5 **periturae** erg. pantherae (→ 6.12) – **quippe** kausale Färbung des Partizips periturae – **quamvis + Konjunktiv** obgleich – **laedere** hier: ernsthaft verletzen – 6 **mittere** hinabwerfen – **panis, -is m.** (Stück) Brot – **sustinere** aufrecht erhalten – **spiritus, -us m.** Leben – 7 **abeunt** erg. agrestes (→ 6.12) – **securus** unbesorgt – **quasi + Konjunktiv** als ob – **inventuri** erg. essent (→ 6.12) – **mortuam** erg. pantheram (→ 6.12) – 9 **languidus** schlaff – 10 **velox, -ocis** schnell – **saltus, -us m.** Sprung – **sese** = se (→ 9.3) – 11 **cubile, -is n.** Lager, Bau – **concitus** beschleunigt – **provolare** (aus dem Bau) hervoreilen – 13 **trucidare** niedermetzeln – **pastor** Hirt – 14 **vastare** zerstören – **saevire** < saevus – **iratus** < ira – 15 **fera** (wildes) Tier (→ 10) – 16 **damnum** Strafe – **recusare** zurückweisen – 17 **qui** statt quis (→ 6.9) – **memini** hier mit indirektem FS – 18 **absistere + Infinitiv** aufhören

V. AESOPUS ET PETULANS

Successus ad perniciem multōs dēvocat.
Aesōpō quīdam petulāns lapidem impēgerat.
»Tantō« inquit »melior!« Assem deinde illī dedit,
sīc prōsecūtus: »Plūs nōn habeō mehercule,
sed unde accipere possīs, mōnstrābō tibī.
Venit, ecce, dīves et potēns: huīc similiter
impinge lapidem et dīgnum accipiēs praemium.«
Persuāsus ille fēcit quod monitus fuit.
Sed spēs fefellit impudentem audāciam:
comprēnsus namque poenās persolvit cruce.

WDH *accipere – audacia – comprehendere – dignum – dives – fallere – hic – ille – melior – pernicies – persuadere – poena – potens – praemium – quidam – qui – similis – solvere – tantus – unde*

1 **successus, -us m.** Erfolg – **devocare** verleiten – 2 **Aesopus** diese anekdotische Fabel könnte auf die Aesopvita zurückgehen – **petulans, -ntis** frech – **lapis, -idis m.** Stein – **impingere, -pingo, -pegi, -pactum alicui alqd** etw. nach jmdm werfen – 3 **tanto melior** recht gut!, bravo! (→ 6.3) – **as, assis m.** Pfennig, Groschen – 4 **prosequi, sequor, -secutus sum** nachrufen – **mehercule** fürwahr (→ 6.3) – 6 **ecce** schau! (→ 6.3) – 7 **dignus** angemessen; gegen das Delikt des Steinwurfes kann sich Aesop als Sklave nur mit seinem Wortwitz zur Wehr setzen: er weiß, dass die gleiche Straftat, an einem Prominenten in der Öffentlichkeit begangen, schwer geahndet wird – 8 **quod** das Objekt der Sache (moneo alqm alqd) bleibt in der Diathese Passiv erhalten – **monitus fuit** = monitus est (→ 9.5) – 9 **impudens, -ntis** unverschämt – **audacia** (→ 4) – 10 **namque** = nam – **persolvere, -solvo, -solvi, -solutum** = solvere (→ 9.6) – **crux, crucis f.** Kreuz; die Bestrafung durch Kreuzigung deutet darauf hin, dass der »quidam« ebenfalls ein Sklave gewesen ist

VI. MUSCA ET MULA

Musca in tēmōne sēdit et mūlam increpāns:
»Quam tarda es!« inquit »Nōn vīs citius prōgredī?
Vidē, nē dolōne collum compungam tibī.«
Respondit illa: »Verbis nōn moveor tuīs,
sed istum timeō, sellā quī prīmā sedēns
iūgum flagellō temperat lentō meum
et ōra frēnīs continet spūmantibus.
Quāpropter aufer frīvolam īnsolentiam,
nam et ubi trīcandum et ubi sit currendum sciō.«

Hāc dērīdērī fābulā meritō potest,
quī sine virtūte vānās exercet minās.

WDH *auferre – continere – exercere – hic – ille – iste – iugum – merito – os – progredi – quam – qui – sedere – tardus – temperare – velle – virtus*

1 **musca** Fliege – **temo, -onis m.** Deichsel – **mula** Mauleselin – **increpare** schelten – 2 – **non ... progredi** FS ohne Fragepartikel – **cito** (Adverb) schnell – 3 **videre + Begehrssatz** zusehen, dass – **dolo(n), -onis m.** (→ 3) Stachel – **compungere** stechen – 4 **verba, -orum n.** Geschwätz – 5 **timere** hier: respektieren – **qui** vor verbis zu stellen (→ 9.7) – **sella** Sitz – 6 **iugum** Joch (Krummholz an der Deichsel, das auf dem Nacken des Zugtieres liegt) – **flagellum** Peitsche – **lentus** biegsam – **temperare** hier: lenken –7 **os, oris n.** Maul – **ora** (→ 9.2) – **freni, -orum m.** Zaum(-zeug) (→ 6.7) – **spumare** schaumbedeckt sein – 8 **quapropter** deswegen – **auferre** unterlassen – **frivolus** albern – **insolentia** Unverschämtheit – 9 **tricari** störrisch sein – 10 **deridere** verspotten – 11 **qui ... minas** RS als Subjekt – **virtus, -tutis f.** Kraft – **vanus** eitel, leer – **exercēre** hier: ausstoßen – **minae, -arum f.** Drohungen

VII. LUPUS AD CANEM

Quam dulcis sit lībertās, breviter prōloquār.
Canī perpāstō maciē cōnfectus lupus
forte occucurrit. Dein salūtātī invicem
ut restitērunt: »Unde sīc, quaesō, nitēs?
Aut quō cibō fēcisti tantum corporis?
Egō, quī sum longē fortior, pereō fame.«
Canis simplīciter: »Eadem est condiciō tibī,
praestāre dominō sī pār officium potes.«
»Quod?« inquit ille. »Cūstōs ut sīs līminis,

ā fūribus tueāris et noctū domum.«
»Ego vērō sum parātus: nunc patior nivēs
imbrēsque in silvīs asperam vītam trahēns.
Quantō est facilius mihī sub tēctō vīvere
et ōtiōsum largō satiārī cibō.«
»Venī ergō mēcum!« Dum prōcēdunt, aspicit
lupus ā catēnā collum dētrītum canī.
»Unde hoc, amīce?« »Nihil est.« »Dīc, quaesō, tamen!«
»Quia videor ācer, alligant mē interdiū,
lūce ut quiēscam et vigilem, nox cum vēnerit.
Crepusculō solūtus, quā vīsum est, vagor.
Affertur ultrō pānis; dē mēnsā suā
dat ossa dominus; frūsta iactat familia
et, quod fastīdit quisque, pulmentārium.
Sīc sine labōre venter implētur meus.«
»Age, sī quō abīre est animus, est licentia?«
»Nōn plāne est.« inquit »Fruere, quae laudās, canis!
Rēgnāre nōlō, līber ut nōn sim mihī.«

WDH *afferre – asper – aspicere – complere – condicio – dein – dum – ergo – forte – frui – iactare – idem – interdiu – licentia – longe – occurrere – officium – otium – par – parare – pati – perire – plane – praestare – procedere – quam – quantus – quia – quisque – (ali-)quo – resistere – tantus – tectum – tueri – unde – vero – videri – vigilia*

1 **proloqui**, **-loquor, -locutus sum** verkünden – 2 **canis, -is m.** Hund – **perpastus** überfüttert – **macies, -ei, f.** Magerkeit – **lupus** Wolf – 3 **occucurrit** (→ 6.8) – **invicem** gegenseitig – 4 **resistere**, **-sisto, -stiti** stehen bleiben – »**unde …**« die folgende Unterhaltung ohne Angabe des jeweiligen Sprechers und ohne Verbsignale – **quaeso** frage ich – **nitēre** fett sein – 5 **cibus** Nahrung – **tantum corporis fecisti** hast du einen solchen Körperumfang (→ 6.1) – 6 **fames, -is f.** Hunger – 7 **simplex** treuherzig – **simpliciter** erg. dixit (→ 6.12)

– 8 **dominus** Herrchen – 9 **quod** erg. officium (→ 6.12) – **limen, -minis n.** (Tür-)Schwelle – 10 **fur, furis m.** Dieb – **tueri, tueor** schützen – **et** vor a furibus stellen (→ 9.7) – **noctu** nachts – 11 **paratus** < parare – **nix, nivis f.** Schnee – **imber, -bris m.** Regen – 12 **trahere** fristen – 13 **quanto** um wie viel – 14 **otiosus** < otium – **otiosum** erg. me (→ 6.12) – **largus** reichlich – **satiari** sich satt fressen – 15 **aspicit** narratives Präsens – 16 **catena** Kette – **collum** Hals – **deterere, -tero, -trivi, -tritum** wund scheuern – **cani** = canis (→ 6.6) – 17 **hoc** nimmt detritum collum (V. 16) auf – **quaeso + Imperativ** bitte – 18 **alligare** anbinden – 19 **lux, lucis f.** Tag – **ut** vor luce zu setzen (→ 9.7) – **quiescere** ruhen – **vigilare** < vigilia – **cum** vor nox zu setzen (→ 9.7) – 20 **crepusculum** (Abend-)Dämmerung – **videtur** es beliebt – **visum est** erg. mihi (→ 6.12) – **vagari, vagor** umherziehen – 21 **panis, -is m.** Brot – **ultro** unaufgefordert – **mensa** Tisch – 22 **os, ossis n.** Knochen – **frustum** Brocken – 23 **pulmentarium** (Fleisch-)Beilage ; vor quod zu setzen (→ 9.7) – **fastidire** verschmähen – 24 **venter, -tris m.** Bauch – **implere** = complere – 25 **age** also (→ 6.3) – **quo** irgendwohin – **licentia** Erlaubnis – 26 **plane** durchaus – ad 25–27 Seneca d.J. (etwa 15 Jahre jünger als Phaedrus) definiert in »de vita beata« IV 3 Freiheit als Bestandteil des Lebensglücks: quid enim prohibet nos beatam vitam dicere liberum animum et erectum et interritum ac stabilem, extra metum, extra cupiditatem positum: Was nämlich hindert uns ein glückliches Leben zu sehen in einer freien, aufrechten, unerschrockenen und standfesten Seele, die außerhalb von Furcht, außerhalb von Gier steht …; genau diese Beschreibung trifft aber auf den Hofhund nicht zu. Ähnlich behandelt Horaz in der Satire II 6, 80–117 das Thema in der Fabel von der Stadt- und Landmaus

IX. SOCRATES AD AMICOS

Vulgāre amīcī nōmen, sed rāra est fidēs.
Cum parvās aedēs sibī fundāsset Sōcratēs,
(cuius nōn fugiō mortem, sī fāmam assequār,
et cēdō īnvidiae, dummodō absolvār cinis),
ex populō sīc nesciō quis, ut fierī solet:
»Quaesō, tam angustam tālis vir pōnis domum?«
»Utinam« inquit »vērīs hanc amīcīs impleam.«

WDH *aedes – assequi – complere – fama – fides – fieri – fugere – invidia – nescire – qui – quis – solere – talis – utinam – verus*
1 **vulgaris, -e** weit verbreitet – **amici** explikativer Genitiv – 2 **fundare + Akkusativ** den Grund zu etw. legen – **fundāsset** (→ 9.1) – **Socrates, -is** Sokrates (470–399 v. Chr.) berühmter Philosoph zur Zeit des Perikles in Athen; hinterließ keine Schriften; seine berühmtesten Schüler: Alkibiades, Xenophon und Plato; zum Tode durch den Schierlingsbecher verurteilt, weil er angeblich die Jugend Athens von den Göttern abkehrte; tritt in fast allen Hauptwerken Platos als Dialogsprecher auf; die anekdotische Fabel könnte auf eine Spruchsammlung (Apophthegmata) zurückgehen – 3 **cuius** in den si–Satz zu ziehen – 4 **dummodo + Konjunktiv** wenn nur – **absolvar** erg. crimine invidiae (→ 6.12) – **cinis, cineris m.** Asche – 5 **nescio quis** irgendwer – 6 **quaeso** frage ich; nach tam zu setzen – **talis, -e** so bedeutend – **ponere** hier: erbauen – 7 **implere** = complere

XII. PULLUS AD MARGARITAM

In sterquilīnō pullus gallināceus
dum quaerit ēscam, margarītam repperit.
»Iacēs īndīgnō quanta rēs« inquit »locō!
Hoc sī quis pretiī cupidus vīdisset tuī

ōlim redīsses ad splendōrem prīstinum.
Egō quod tē invēnī, potior cuī multō est cibus,
nec tibī prōdesse nec mihī quicquam potest.«
Hoc illīs nārrō, quī mē nōn intellegunt.

WDH *cupidus – dum – hic – iacēre – ille – indignus – intellegere – invenire – olim – pretium – quaerere – quantus – qui – (ali)quis – quisquam – prodesse – reperire*

1 **sterquilin(i)um** Misthaufen – **pullus gallinaceus** Küken – 2 **esca** Futter – **margarita** (→ 3) Perle – 3 **Iaces … loco** : lies: quam indigno loco iaces tanta res – 5 **olim** schon längst – **splendor, -oris m.** Glanz – **pristinus** früher – 6 **quod** (faktisch) dass – **potis, -e** wichtig – **cibus** Futter – Das Epimythion ist wiederum nur für den wissenden Leser verständlich

XVI. CICADA ET NOCTUA

Humānitātī quī sē nōn accomodat,
plērumque poenās oppetit superbiae.
Cicāda acerbum noctuae convīcium
faciēbat, solitae victum in tenebrīs quaerere
cavōque rāmō capere somnum interdiū.
Rogāta est ut tacēret. Multō validius
clāmāre occepit. Rūrsus admōtā prece
accēnsa magis est. Noctua ut vīdit sibī
nūllum esse auxilium et verba contemnī sua,
hāc est aggressa garrulam fallāciā:
»Dormīre quia mē nōn sinunt cantūs tuī,
sonāre citharam quōs putēs Apollinis,
pōtāre est animus nectar, quod Pallas mihī
nūper dōnāvit; sī nōn fastīdīs, venī!
ūnā bibāmus.« Illa, quae arēbat sitī,
simul cognōvit vōcem laudārī suam,
cupidē advolāvit. Noctua ēgressa ē cavō

trepidantem cōnsectāta est et lētō dedit.
Sīc vīva quod negārat tribuit mortua.

WDH *acerbus – accendere – aggredi – contemnere – cupidus – egredi – hic – humanitas – ille – incipere – interdiu – negare – poena – preces – quaerere – qui – quia – rursus – sinere – solere – somnus – tribuere*

1 **accomodare** anpassen – 2 **oppetere** büßen – 3 **cicada** Zikade, Grille – **acerbus** schrill – **noctua** Nachteule – **convicium** Gezirpe – 4 **victus, -us m.** Nahrung – **tenebrae, -arum f.** Finsternis – 5 **cavus** hohl – **ramus** Ast – **somnum capere** schlafen – 7 **occepit** = coepit (→ 9.6) – **admovere** herantragen – **prece** (→ 9.2) – 7 **accensa est** erg. irā (→ 6.12) – 10 **garrula** hier: »Zirperin« – **fallacia** List – 11 **cantus, -us m.** Konzert – **sonare** tönen – **cithara** (→ 3) Leier – **sonare citharam** (so schön) klingen wie die Leier – **putes** potentialer Konjunktiv – **Apollo, -inis m.** Apoll – 13 **potare** trinken – **est animus** erg. mihi (→ 6.12) + **Infinitiv**. : ich habe die Absicht – **nectar, -is n.** (→ 3) Nektar; Göttertrank – **Pallas, -adis f.** Beiname der Athene, der die Eule heilig war – 14 **fastidire** verabscheuen – **fastidis** erg. nectar (→ 6.12) – 15 **arēre** lechzen, verschmachten – **sitis, -is f.** Durst – **quae arebat siti** Die Fabel kehrt ein Motiv bei Plato um: dort verzichten die Menschen auf Speise, um zu singen, hier verzichtet die Zikade auf den Gesang, um einen ganz gewöhnlichen Durst zu löschen und ihre Eitelkeit zu befriedigen – 16 **vox, vocis f.** hier: Klang – 17 **advolare** herbeifliegen – **cavum** (Ast-)Loch – 18 **trepidare** ängstlich hin und her laufen – **trepidantem** erg. cicadam (→ 6.12) – **consectari** verfolgen – **letum** Tod – **leto dare** töten (→ 6.1) – 19 **quod** vor viva zu stellen (→ 9.7) – **negārat** (→ 9.1) – **tribuere, -buo, -bui, -butum** gewähren

XVIII. PAVO AD IUNONEM DE VOCE SUA

Pāvō ad Iūnōnem vēnit īndīgnē ferēns
cantūs lusciniī quod sibī nōn tribuerit;
illum esse cunctīs avibus admīrābilem,
sē dērīdērī simul ac vōcem mīserit.
Tunc cōnsōlandī grātiā dīxit dea:
»Sed fōrmā vincis, vincis māgnitūdine;
nitor smaragdī collō praefulget tuō
pictīsque plūmīs gemmeam caudam explicās.«
»Quō mī« inquit »mūtam speciem, sī vincor sonō?«
»Fātōrum arbitriō partēs sunt vōbis datae:
tibī fōrma, vīrēs aquilae, luscīnio melos,
augurium corvō, laeva cornīcī ōmina,
omnēsque propriīs sunt contentae dōtibus.
Nōlī affectāre quod tibī nōn est datum,
dēlūsa nē spēs ad querēlam recidat.«

WDH *admirari – fatum – ille – nolle – pars – pingere – proprius – qui – simul – species – tribuere – tunc*

de wegen – 1 **pavo, -onis m.** Pfau –**Iuno, -onis** Hera; ihr war der Pfau heilig – **indigne** unwillig – 2 **cantus, -us m.** Gesang – **luscinius** Nachtigall – **quod** (faktisch) dass; vor cantus zu stellen (→ 9.7) – **tribuerit** statt tribuisset; obliquer Konjunktiv – 3 **avis, -is f.** Vogel – **admirabilis, -e** < admirari – 4 **deridēre** verspotten – **simul ac** sobald – **mittere** hier: ertönen lassen – 5 **consolari** trösten – **gratia + nd-Form im Genitiv** finale Sinnrichtung – 6 **vincis** erg. ceteras aves (→ 6.12) – **magnitudo, -dinis f.** < magnus – 7 **nitor, -oris m.** Glanz – **smaragdus, - m./f.** (→ 3) Smaragd (grüner Halbedelstein) – **collum** Hals – **praefulgēre** hell glänzen – 8 **pictus** bunt (bemalt); gemeint sind die Pfauenaugen auf den Schwanzfedern – **pluma** (Schwanz-)Feder – **gemmeus** (wie Juwelen) schimmernd – **cauda** Rad – **explicare** auffächern; schlagen – 9 **mi** (→ 9.1) – **quo mi + Akkusativ** was nützt mir

(→ 6.1) – **mutus** stumm - **species, -ei f.** Schönheit – **sonus** Stimme – 10 **fatorum** (→ 9.2) – **arbitrium** Entscheidung – 11 **aquila** Adler – **melos n.** (→ 3) Lied – 12 **augurium** Weissagung – **corvus** Rabe; ein Rabe von rechts galt als gutes Vorzeichen – **laevus** links, unglückbringend – **cornix, -icis m.** Krähe (→ 10) eine Krähe von links brachte Unglück – **omen, ominis n.** Vorzeichen – 13 **omnesque** erg. aves (→ 6.12) – **omnes contentae sunt** mit dem vom fatum Gegebenen zufrieden zu sein und sich abzufinden rät die zeitgenössische Philosophie – 14 **affectare** haschen nach – 15 **deludere, -ludo, -lusi, -lusum** foppen, täuschen – **querela** Klage – **recidere** umschlagen

XIX. AESOPUS RESPONDET GARRULO

Aesōpus dominō sōlus esset cum familia,
parāre cēnam iussus est mātūrius.
Īgnem ergō quaerēns aliquot lūstrāvit domūs,
tandemque invēnit ubi lucernam accenderet.
Tum circumeuntī fuerat quod iter longius
effēcit brevius: namque rēctā per forum
coepit redīre. Et quīdam ē turbā garrulus
»Aesōpe, mediō sōle quid cum lūmine?«
»Hominem« inquit »quaerō.« et abiit festīnāns domum.
Hoc sī molestus ille ad animum rettulit,
sēnsit prōfectō sē hominem nōn vīsum senī,
intempestīvē quī occupātō allūserit.

WDH *accendere – efficere – ergo – hic – ignis – ille – incipere – invenire – maturus – medius – profecto – quaerere – qui – quidam – quis – referre – tandem – turba – tum – videri*

1 **domino** = domini (→ 6.6) – **cum** hier Konjunktion – **familia** hier: Sklave (→ 4)– 3 **aliquot** einige – **lustrare** (nach

etw.) durchsuchen – 4 **lucerna** Lampe – **accenderet** RS mit konsekutiver Sinnrichtung – 5 **quod** vor circumeunti zu stellen (→ 9.7) – 6 **namque** = nam - **recta** erg. via (→ 6.12) – 7 **coepit redire** (→ 5) – **garrulus** Schwätzer – 8 **sol, solis m.** Tag – **quid cum lumine** erg. is (→ 6.12) – 9 **festinare** eilen – 10 **ad animum referre** sich zu Herzen nehmen – 11 **seni** gemeint ist Aesop – 12 **intempestivus** zur falschen Zeit – **occupatus** beschäftigt – **alludere + Dat.** verspotten

PHAEDRI LIBER FABULARUM QUARTUS

I. ASINUS ET GALLI

Quī nātus est īnfēlix, nōn vītam modō
trīstem dēcurrit, vērum post obitum quoque
persequitur illum dūra fātī miseria.
Gallī Cybebēs circum in quaestūs dūcere
asinum solēbant baiulantem sarcinās.
Is cum labōre et plāgīs esset mortuus,
dētractā pelle sibī fēcērunt tympana.
Rogātī mox ā quōdam, dēliciō suō
quid fēcissent, hōc locūtī sunt modō:
»Putābat sē post mortem sēcūrum fore;
ecce aliae plāgae congeruntur mortuō.«

WDH *alius – fatum – felix – hic – ille – is – loqui – miser – mori – nasci – persequi – qui – quidam – quis – securus – solere – trahere – verum (Konjunktion)*

1 **infelix, -icis** < felix – 2 **decurrere** vollenden – **obitus, -us m.** Tod – 3 **persequi** = sequi (→ 9.6) – **illum** = eum (→ 6.4) – **miseria** < miser – 4 **Galli, orum m.** Galli: Priester der Kybele – **Cybebe, -es f.** Kybele – **circum ... ducere** Tmesis – **quaestus, us m.** (Lebens-)Erwerb – 5 **baiulare** (eine Last) tragen – **sarcina** Last – 6 **plaga** (→ 3) Hieb – 7 – **pellis, -is f.** Fell – **detracta pelle** (→ 9.4) – **tympanum** (→ 3) (Hand-) Pauke, Tambourin – 8 **delicium** Liebling – **delicio suo** Dativ – 10 **fore** = futurum esse (→ 7) – 11 **ecce!** sieh! (→ 6.3) – **alius** weiterer – **congerere alicui alqd** jmdn mit etw. überhäufen

II. MUSTELA ET MURES

Ioculāre tibī vidētur, et sānē levī
dum nihil habēmus māius, calamō lūdimus.
Sed dīligenter intuēre hās nēniās:
quantam sub titulīs ūtilitātem reperiēs!
Nōn semper ea sunt quae videntur; dēcipit
frōns prīma multōs: rāra mēns intellegit
quod interiōre condidit cūra angulō.
Hoc nē locūtus sine mercēde existimer,
fābellam adīciam dē mustēlā et mūribus.
Mustēla cum annīs et senectā dēbilis
mūrēs vēlōcēs nōn valēret assequī,
involvit sē farīnā et obscūrō locō
abiēcit neglegenter. Mūs ēscam putāns
assiluit et compressus occubuit necī.
Alter similiter, deinde perit et tertius.
Mox vēnit aliquot saeculīs retorridus
quī saepe laqueōs et mūscipula effūgerat;
proculque īnsidiās cernēns hostis callidī:
»Sic valeās« inquit »ut farīna es quae iacēs!«

WDH *adicere – alter – assequi – cernere – condere – decipere – diligens – dum – effugere – frons – hic – iacere – iacēre – insidiae – interior – is – levis – loqui – maior – necare – neglegere – obscurus – opprimere – perire – procul – quantus – qui – reperire – sane – similis – tueri – volvere*

1 **iocularis, -e** scherzhaft – **levis, -e** unbeschwert, heiter – 2 **calamus** (→ 3) Schreibrohr – **ludere** (spielerisch) die Zeit verbringen – 3 **intueri** = tueri (→ 9.6) – **n(a)enia** (→ 3) spielerisches Gedicht – 4 **titulus** Überschrift – **utilitas, -tatis f. <** utilis – 6 **frons, -ntis f.** Anschein – 7 **cura** (literarische) Sorgfalt; eines der Ideale hellenistischer Dichtung – **angulus** Winkel – 8 **ne** vor hoc zu stellen (→ 9.7) – **locutus** erg. esse (→ 6.12) – **merces, -edis f.** Lohn – 9 **fabella**

(→ 6.2) – **mustela** Wiesel – **mus, muris m.** Maus – 10 **senecta** (hohes) Alter – **debilis, -e** schwach – 11 **velox, -ocis** flink – **valēre + Infinitiv** können – 12 – **involvere** < in+volvere – **farina** Mehl – **obscuro loco** (→ 9.4) – 13 **abicere** hinwerfen – **neglegens, -ntis** gleichgültig – **esca** Futter – **escam** erg. eam esse (→ 6.12) – 14 **assilire** herbeispringen – **comprimere** = opprimere – **occumbere, -cumbo, -cubui** erliegen – **nex, necis f.** < necare – 15 **alter** erg. mus (; → 6.12; bei Aufzählungen) ein Zweiter – **perit** = periit (→ 9.1) – 16 **aliquot** etliche – **saeculum** hier: Lebensjahr – **retorridus** gewitzt, schlau – 17 **laqueus** Fallstrick – **muscipulum** Mausefalle – 18 **callidus** schlau – **quae iaces** als das (Mehl) du daliegst

III. DE VULPE ET UVA

Fame coācta vulpes altā in vīneā
ūvam appetēbat summīs saliēns vīribus.
Quam tangere ut nōn potuit, discēdēns ait:
»Nōndum mātūra est; nōlō acerbam sūmere.«
Quī facere quae nōn possunt verbīs ēlevant,
ascrībere hoc dēbēbunt exemplum sibī.

WDH *acerbus – ait – appetere – discedere – maturus – nolle – nondum – scribere – sumere – tangere – vis*

1 **fames, -is f.** Hunger – **vulpes, -is m./f.** Fuchs – **vinea** Weinstock – 2 **uva** (Wein-)Traube – **salire** springen – 5 **elevare** abschwächen – **qui … elevant** lies: Qui verbis elevant, quae facere non possunt – 6 **ascribere** < ad+scribere

IV. EQUUS ET APER

Equus sēdāre solitus quō fuerat sitim,
dum sēsē volutat turbāvit vadum.
Hinc orta līs est. Sonipēs īrātus ferō
auxilium petiit hominis, quem dorsō levāns
rediit ad hostem. Iactīs hunc tēlīs eques
postquam interfēcit, sīc locūtus trāditur:
»Laetor tulisse auxilium mē precibus tuīs,
nam praedam cēpī et didicī quam sīs ūtilis.«
Atque ita coēgit frēnōs invītum patī.
Tum maestus ille: »Parvae vindictam rei
dum quaerō dēmēns, servitūtem repperī.«
Haec īrācundōs admonēbit fābula
impūnē potius laedī quam dēdī alterī.

WDH *admonere – alter – dedere – dum – eques – hic – hinc – iacere – ille – interficere – invitus laedere – laetari – levare – loqui – oriri – pati – petere – potius – praeda – preces – quaerere – quam – qui – reperire – servitus – sic – solere – telum – tradere – utilis – vadum*

1 **sedare** stillen – **solitus fuerat** = solitus erat (→ 9.5) – **sitis, -is f.** Durst – 2 **sese** = se (→ 9.3) – **volutare** hin und her wälzen – **turbare** trüben – **vadum** Furt (seichte Wasserstelle) – **equus … vadum** lies: Equus, dum sese volutat, turbavit vadum, quo sitim sedare solitus fuerat – 3 **lis, litis f.** Streit – **sonipes, -pedis m.** (das mit dem Huf tönende = klappernde) Ross (→ 10) – 3 **irasci** zürnen – **ferus** Tier – 4 **petiit** (→ 9.1) – **dorsum** Rücken – **quem levans** lies: quem postquam levavit – 5/6 **Iactis … interfecit** lies: Eques, postquam hunc iactis telis interfecit – 6 **locutus** scil esse (→ 6.12) – 7 **precibus tuis** (→ 4) – 8 **disco, didici + indirekter FS** erfahren – 9 **freni** statt frena (→ 6.7) Zaum(-zeug) – **invitum** erg. equum (→ 6.12) – 10 **maestus** betrübt – **vindicta** Rache – 11 **demens, -ntis** töricht – 12 **iracundus** jähzornig – 13 **impune** ungerächt

VI. PUGNA MURUM ET MUSTELARUM

Cum victī mūrēs mūstēlārum exercitū,
historia quōrum et in tabernīs pingitur,
fugerent et artōs circum trepidārent cavōs,
aegrē receptī tamen ēvāsērunt necem.
Dūcēs eōrum, quī capitibus cornua
suīs ligārant, ut cōnspicuum in proeliō
habērent sīgnum, quod sequerentur mīlitēs,
haesēre in portīs suntque captī ab hostibus.
quōs immolātōs victor avidīs dentibus
capācis alvī mersit Tartareō specū.
Quemcumque populum trīstis ēventus premit,
periclitātur māgnitūdō principum;
minūta plēbēs facilī praesidiō latet.

WDH *cornu – dens – eventus – fugere – haerere – is – magnus – necare – pingere – praesidium – premere – princeps – proelium – qui – quicumque – recipere – sequi – signum – tristis*

1 **mus, muris m.** Maus – **mustela** Wiesel – 2 – **historia** (→ 3) Geschichte – **quorum** vor historia stellen (→ 9.7) – **taberna** Wirtshaus – 3 **artus** eng – **trepidare** ängstlich hin und her laufen – **cavus** Gang – 4 **aegre** mit Mühe – **recipi, -cipior, -ceptus sum** sich retten – **evadere, vado, -vasi, -vasum** entgehen – **nex, necis f.** < necare – 5/6 **capitibus suis** (→ 9.4) – 6 **ligare** festbinden – **ligārant** (→ 9.1) – **conspicuus** sichtbar – 7 **sequerentur** RS mit konsekutiver Sinnrichtung – 8 **haesēre** (→ 7) – **porta** hier (Mause-)Loch – 9 **immolare** töten – **victor** (→ 9.2) – **avidus** gierig – 10 **capax, -acis** geräumig – **alvus** Magen – **mergere, mergo, mersi, mersum** versenken – **Tartareus** … der Unterwelt; grausig – **specus, -us m.** Höhle – **Tartareo specu** (→ 9.4) – 12 **periclitari** in Gefahr schweben – **magnitudo** < magnus (→ 4) – 13 **minutus** klein, winzig – **plebes, -ei f.** = plebs – **minuta plebes** das niedere Volk – **facilis, -e** leicht erreichbar – **latēre** verborgen sein

VIII. SERPENS AD FABRUM FERRARIUM

Mordāciōrem quī improbō dente appetit,
hōc argumentō sē dēscrībī sentiat.
In officīnam fabrī vēnit vīpera.
Haec cum temptāret, sī qua rēs esset cibī,
līmam momordit. illa contrā contumāx:
»Quid mē« inquit »stulta, dente captās laedere,
omne assuēvī ferrum quae corrōdere«?

WDH *appetere – hic – ille – improbus – in – laedere – qui – (ali)qui – quis – temptare*
1 **mordax, -acis** bissig – 2 **argumentum** Erzählung – **describere** beschreiben – 3 **officina** Werkstatt – **faber, -bri m.** Schmied – **vipera** Natter – 4 **si + indirekter FS** ob – **cibus** Essen – 4/5 **haec … momordit** lies: Haec limam momordit, cum temptaret, si (lima) qua res cibi esset – 5 **lima** Feile – **mordere, mordeo, momordi, morsum** beißen (in) – **contra** (Adverb) dagegen – **contumax, -acis** spröde, trotzig – 6 **captare + Infinitiv** (eifrig) versuchen – 7 **assuevisse + Infinitiv** (zu tun) pflegen – **corrodere** zernagen

IX. VULPIS ET HIRCUS

Homō in perīclum simulac vēnit callidus,
reperīre effugium quaerit alterius malō.
Cum dēcidisset vulpes in puteum īnscia
et altiōre clauderētur margine,
dēvēnit hircus sitiēns in eundem locum;
simul rogāvit, esset an dulcis liquor
et cōpiōsa. Illa fraudem mōliēns:
»Dēscende, amīce! tanta bonitās est aquae,
voluptās ut satiārī nōn possit mea.«
Immīsit sē barbātus. Tum vulpēcula

ēvāsit puteō nīxa celsīs cornibus,
hircumque clausō līquit haerentem vadō.

WDH *alter – an – bonus – cadere – claudere – copia – cornu – descendere – dulcis – effugere – fraus – haerere – idem – ille – locus – malum – niti – quaerere – relinquere – reperire – simul – simulac – tantus – tum – vadum – voluptas – vulpes*
1 **periclum** (→ 6.5) – **callidus** schlau – 2 **effugium** < effugere – 3 **decidere** < de+cadere – **vulpes, -is f.** Fuchs – **inscius** versehentlich – **puteus** Brunnen – 4 **margo, -ginis m./f.** Rand – 5 **devenire** gelangen – **hircus** Bock – **sitire** dürsten – 6 **an** vor esset zu stellen (→ 9.7) – 7 **copiosus** < copia – **moliri** ersinnen – 8 **bonitas, -tatis f.** < bonus – **satiari** satt werden – 10 **se immittere** hineinspringen – **barbatus** bärtig; Bartträger = Bock (→ 10) – **vulpecula** < vulpes (→ 6.2) – 11 **evadere** herauskommen – **niti + Ablativ** sich stützen auf – **celsus** hochragend – 12 **linquere** = relinquere (→ 9.4) – **vadum** hier: Boden, Tiefe (eines Brunnens)

X. DE VITIIS HOMINUM

Perās imposuit Iuppiter nōbis duās:
propriīs replētam vitiīs post tergum dedit,
aliēnis ante pectus suspendit gravem.
Hāc rē vidēre nostra mala nōn possumus;
aliī simul dēlinquunt, cēnsōrēs sumus.

WDH *alienus – alius – complere – gravis – hic – imponere – malum – pectus – proprius –simul – tergum – vitium*
1 **pera** (→ 3) Ranzen – **Iuppiter** Zeus – 2 **replere** = complere – 3 **alienis** erg. vitiis (→ 6.12) – **suspendere, -pendo, -pendi, -pensum** aufhängen – 5 **delinquere** einen Fehler machen – **censor, -oris m.** Richter

XII. MALAS ESSE DIVITIAS

Opēs invīsae meritō sunt fortī virō,
quia dīves arca vēram laudem intercipit.
Caelō receptus propter virtūtem Herculēs
cum grātulantēs persalūtāsset deōs,
veniente Plūtō, quī Fortūnae est fīlius,
āvertit oculōs. Causam quaesīvit pater.
»Ōdī« inquit »illum, quia malīs amīcus est
simulque obiectō cuncta corrumpit lucrō.«

WDH *vertere – corrumpere – dives – ille – laus – merito – obicere – odisse – ops – qui – quaerere – quia – recipere – simul – virtus*
1 **invisus** verhasst – 2 **dives** reichhaltig – **arca** Geldtruhe – **intercipere** rauben – 3 **Hercules, -is** Herakles; gr. Halbgott; Sohn des Zeus und der Alkmene; wurde nach der Erledigung der 12 Aufgaben in den Olymp aufgenommen – 4 **gratulari** beglückwünschen – **persalutare** (der Reihe nach) grüßen — **persalutāsset** (→ 9.1) – 5 **Plutus** Pluto (Gott der Unterwelt) – **Fortuna** Glücksgöttin – **Fortunae filius** Glückskind – 6 **pater** gemeint ist Zeus – 7 **illum** = eum (→ 6.4) – 8 **obicere** in Aussicht stellen – **cuncta** erg. facta (→ 6.12)

XVII. DE CAPELLIS BARBATIS

Barbam capellae cum impetrāssent ab Iove,
hircī maerentēs indīgnārī coepērunt,
quod dīgnitātem fēminae aequāssent suam.
»Sinite« inquit »illās glōriā vānā fruī
et ūsurpare vestrī ōrnātum mūneris,
parēs dum nōn sint vestrae fortitūdinis.«
Hoc argumentum monet, ut sustineās tibī
habitū esse similēs, qui sint virtūte imparēs.

WDH *aequare – dignitas – dum – frui – hic – ille – impetrare – incipere – munus – ornare – par – qui – similis – sinere – sustinere – virtus*

1 **barba** Bart – **capella** Geiß – **impetrāssent** (→ 9.1) – **Iuppiter, Iovis** Zeus – 2 **hircus** Bock – **maerēre** betrübt sein – **indignari** sich beschweren – **indignari coeperunt** (→ 5) – 3 **aequare** erreichen – **aequāssent** (→ 9.1); obliquer Konjunktiv – 4 **inquit** erg. deus (→ 6.12) – **illas** = eas (→ 6.4) – **vanus** nichtig, leer – **usurpare** beanspruchen – **ornatus, -us m.** < ornare – 6 **dum + Konjunktiv** wenn nur – 7 **argumentum** Erzählung – **sustineas** mit aci – 8 **habitus, -us m.** Aussehen – **similis, -e** mit Genitiv oder Dativ – **sint** RS mit explikativer Sinnrichtung – **impar** < in+par

XVIII. DE FORTUNIS HOMINUM

Cum dē fortūnīs quīdam quererētur suīs,
Aesōpus fīnxit cōnsōlandī grātiā:
Vexāta saevīs navis tempestātibus,
inter vectōrum lacrimās et mortis metum
faciem ad serēnam subitō ut mūtātur diēs,
ferrī secundīs tūta coepit flātibus
nimiāque nautās hilaritāte extollere.
Factus perīclīs tum gubernātor sophus:
»Parcē gaudēre oportet et sēnsim querī,
tōtam aequē vītam miscet dolor et gaudium.«

WDH *aequus – dolor – facies – fieri – fingere – incipere – lacrima – metus – miscere – mutare – nimius – oportet – queri – quidam – saevus – secundus – tempestas – tum – vexare – vehi*

1 **fortunae, -arum f.** hier: Schicksalsschläge – 2 **finxit** erg. fabulam (→ 6.12) – **consolari** trösten – **gratia + -nd-Form** finale Sinnrichtung – 3 **vexare** hin und her treiben – 4 **vector, oris m.** Passagier – 5 **serenus** heiter – **ut** vor inter (Vers 4)

zu stellen (→ 9.7) – **mutatur** narratives Präsens – 6 **ferri** hier: dahinfliegen – **flatus, -us m.** Wehen (des Windes) – 7 **nauta, -ae m.** (→ 3) Matrose – **hilaritas, -tatis f.** Heiterkeit – **extollere** aufrichten – 8 **periclis** (→ 6.5) – **gubernator, -oris m.** Steuermann – **sophus** (→ 3) klug; erg. dixit (→ 6.12) – 9 **parcus** wenig – **sensim** kaum merklich – 10 **miscere** hier: erfüllen – **miscet** (→ 9.2)

XX. COLUBRA ET MISERICORDIA NOCIVA

Quī fert malīs auxilium post tempus dolet.
Gelū rigentem quīdam colubram sustulit
sinūque fōvit contrā sē ipse misericors.
Namque ut refecta est necuit hominem prōtinus.
Hanc alia cum rogāret causam facinoris,
respondit: »Nē quis discat prōdesse improbīs.«

WDH *(ali)quis – alius – auxilium – discere – dolere – facinus – hic – improbus – ipse – misericordia – necare – prodesse – qui – quidam – reficere – tollere*

1 **post tempus** hinterher – 2 – **gelu, -us n.** Frost – **rigere, rigeo** (vor Kälte) starr sein – **colubra** Natter – 3 **sinus, -us m.** Brust – **fovere, foveo, fovi, fotum** warm halten – **contra se** zum eigenen Schaden – **misericors, -cordis** < misericordia 4 **namque** = nam – **refecta est** erg. colubra (→ 6.12) – **necuit** statt necavit (→ 6.8) – **protinus** sofort – 5 **alia** erg. colubra (→ 6.12) – **rogare** mit Akk. der Person und der Sache – 6 **respondit** erg. haec (→ 6.12)

XXIII. DE SIMONIDE

Homō doctus in sē semper dīvitiās habet.
Simōnidēs, quī scrīpsit ēgregium melos,

quō paupertātem sustinēret facilius,
circum īre coepit urbēs Asiae nōbilēs,
mercēde acceptā laudem victōrum canēns.
Hōc genere quaestūs postquam locuplēs factus est,
redīre in patriam voluit cursū pelagiō.
Erat autem, ut āiunt, nātus in Ciā īnsulā.
Ascendit navem, quam tempestās horrida
simul et vetustās mediō dissolvit marī.
Hī zōnās, illī rēs pretiōsās colligunt,
subsidium vītae. Quīdam cūriōsior:
»Simōnidē, tū ex opibus nīl sūmis tuīs?«
»Mēcum« inquit »mea sunt cuncta.« Tunc paucī ēnatant,
quia plūrēs onere dēgravātī perierant.
Praedōnēs adsunt, rapiunt quod quisque extulit,
nūdōs relinquunt. Forte Clāzomenae prope
antīqua fuit urbs, quam petiērunt naufragī.
Hīc litterārum quīdam studiō dēditus,
Simōnidis quī saepe versūs lēgerat
eratque absentis admīrātor māximus,
sermōne ab ipsō cognitum cupidissimē
ad sē recēpit; veste, nummīs, familiā
hominem exornāvit. Cēterī tabulam suam
portant rogantēs vīctum. Quōs casū obviōs
Simōnidēs ut vīdit: »Dīxī« inquit »mea
mecum esse cuncta; vōs quod rapuistis perit.«

WDH *admirari – accipere – ait – ascendere – cupidus – cura – cursus – dedere – divitiae – efferre – egregius – familia – fieri – forte – incipere – laus – maximus – nasci – nobilis – nudus – onus – ops – ornare – pauper – perire – petere – plus – pretium – prope – quaestus – quia – quidam – quisque – rapere – recipere – relinquere – sermo – simul – subsidium – sumere – sustinere – tempestas – tunc – vestis – vetus*

2 **Simonides, -is** Simonides; gr. Dichter von der Insel Kos,

556 – 468 v. Chr.; führte ein Wanderleben, das ihn an verschiedene griechische Fürstenhöfe brachte – **melos n.** (→ 3; 9.2) Lied – 3 **paupertas, -tatis f.** < pauper – **sustineret** RS mit finaler Sinnrichtung – 4 **ire coepit** (→ 5) – **Asia** Kleinasien – 5 **merces, -edis f.** Lohn – **victorum** objektiver Genitiv zu laudem – **canere, cano, cecini** singen – 6 **quaestus, -us m.** Gewerbe – **locuples, -pletis** reich – 7 **cursus, -us m.** Reise – **pelagius** (→ 3) zur See – 8 **Cia** Kea = Kos; Kykladeninsel im Ägäischen Meer; Heimat des Simonides – 9 **horridus** schauerlich – 10 **vetustas, -tatis** < vetus – **dissolvere, -solvo, -solvi, -solutum** zerstören – 11 **zona** (→ 3) Geldgurt – **pretiosus** < pretium – **colligunt** (und folgende) narratives Praesens – 12 **curiosus** neugierig – **curiosior** erg. dixit (→ 6.12) – 13 **nil** (→ 9.1) – 14 **enatare** sich schwimmend retten – 15 **degravatus** beschwert – 16 **praedo, -onis m.** Seeräuber – **efferre, effero, extuli, elatum** hier: (aus dem gesunkenen Schiff) retten – 17 **nudus** hier: ausgeraubt – **nudos** erg. homines (→ 6.12) – **Clazomenae, -arum** Klazomenai; Küstenstadt in Kleinasien – 17/18 **forte … urbs** lies: forte Clazomenae, antiqua urbs, prope fuit – 18 **naufragus** Schiffbrüchiger – 20 **qui** vor Simonidis stellen (→ 9.7) – 21 **absens, -ntis** abwesend – **absentis** erg. poetae (→ 6.12) – **admirator, -oris m.** < admirari – 22 **sermo, -onis m.** Ausdrucksweise – **cognitum** erg. poetam (→ 6.12) – **nummi, -orum m.** (Bar-)Geld – **familia** hier: Sklave (→ 4; 9.2) – 24 **exornare** < ex+ornare – **tabula** Brett (mit der Aufschrift »Ich bin Schiffbrüchiger«) – 25 **victus, -us m.** (Lebens-)Unterhalt – **obvius** entgegenkommend – 26 **ut** vor casu (Vers 25) stellen (→ 9.7) – 27 **quod** vor vos stellen (→ 9.7) – **rapere, rapio, rapui, raptum** zusammenraffen (aus dem sinkenden Schiff) – **perit** = periit (→ 9.1)

XXIV. MONS PARTURIENS

Mōns parturībat, gemitūs immānēs ciēns
eratque in terrīs māxima exspectātiō.
At ille mūrem peperit. *Hoc scriptum est tibī,*
quī māgna cum mīnāris, extrīcās nihil.

WDH *at – exspectare –hic – ille – maximus – minor – parere – qui*
1 **parturire** in Wehen liegen – **parturībat** statt parturiebat – **gemitus, -us m.** Stöhnen – **immanis, -e** gewaltig – **ciēre** ertönen lassen – 2 **exspectatio, -onis f.** < exspectare – 3 **mus, muris m.** Maus – **tibi** verallgemeinernd – 4 **extricare** erreichen

PHAEDRI LIBER FABULARUM QUINTUS

II. LATRO ET MILITES DUO

Duō cum incidissent in lātrōnem mīlitēs,
ūnus prōfūgit, alter autem restitit
et vindicāvit sēsē fortī dexterā.
Lātrōne excīsō timidus accurrit comes
stringitque gladium, dein reiectā paenulā:
»Cēdō« inquit »illum; iam cūrābō sentiat,
quōs attentārit.« Tunc, quī dēpūgnāverat:
»Vellem istīs verbīs saltem adiūvisses modō;
cōnstantior fuissem vērā existimāns.«
Nunc conde ferrum et linguam pariter futtilem.
Ut possīs aliōs īgnōrantēs fallere,
egō, quī sum expertus, quantīs fugiās vīribus,
sciō, quam virtūtī nōn sit crēdendum tuae.«
Illī assīgnārī dēbet haec nārrātiō,
quī rē secundā fortis est, dubiā fugāx.

WDH *adiuvare – alius – alter – comes – constans – currere – dexter – dubius – experiri – fallere – fugere – iacere – ignorare – ille – incidere — iste – modo – narrare – quam – quantus – qui? – resistere – secundus – timidus – tunc – velle – verus – vindicare – vis – virtus*

1 **incidere + Akkusativ** an jmdn geraten – **latro, -onis m.** (Straßen-)Räuber – 2 **profugere** = fugere (→ 9.6) – 3 **sese** = se (→ 9.3) – **dext(e)ra** erg. manu (→ 6.12) – 4 **excidere** töten – **accurrere <** ad+currere – **accurrit** (und folgende) narratives Präsens – 5 **stringere** zücken – **reicere** zurückschlagen – **paenula** (→ 3) Reisemantel – 6 **cedo illum** her

mit ihm! (→ 6.3; 6.4) – **curare + Konjunktiv** (dafür) sorgen, dass – 7 **quos** erg. milites (→ 6.12) – **attentare** angreifen – **attentārit** (→ 9.1) – **depugnare** um Leben und Tod kämpfen – 8 **vellem** = utinam mit irrealem Optativ – **saltem** wenigstens – 9 **vera** erg. verba tua esse (→ 6.12) – 10 **pariter** ebenso – **futtilis, -e** unnütz – 11 **ut** konzessive Sinnrichtung – 13 – **quam non** wie wenig – 14 **assignare** zuschreiben – **narratio, -onis f.** < narrare – 15 **fugax, acis** < fugere

IX. TAURUS ET VITULUS

Angustō in aditū taurus luctāns cornibus
cum vix intrāre posset ad praesēpia,
mōnstrābat vitulus, quō sē pactō flecteret.
»Tacē« inquit »antē hoc nōvī, quam tū nātus es.«
Quī doctiōrem ēmendat sibī dīcī putet.

WDH *aditus – angustus – cornu – hic – in – nasci – novisse – quam – qui? – vix*

1 **taurus** Stier – **luctari** sich abmühen – 2 **praes(a)epium** (Futter-)Krippe – 3 **vitulus** Kalb – **quō pactō** = quo modo – **flectere** beugen, biegen – 4 **inquit** erg. taurus (→ 6.12) – **hoc** bezogen auf den Rat des Kalbs – 5 **emendare** verbessern, belehren – **dici** erg. fabulam (→ 6.12)

X. CANIS ET VENATOR

Adversus omnēs fortis vēlōcēs ferās
canis cum dominō semper fēcisset satis,
languēre coepit annīs ingravantibus.
Aliquandō obiectus hispidi pūgnae suis
arripuit aurem, sed cariōsīs dentibus
praedam dīmīsit. Hōc tunc vēnātor dolēns

canem obiūrgābat. Cuī lātrāns contrā senex:
»Nōn tē dēstituit animus, sed vīrēs meae.
Quod fuimus laudās, sī iam damnās, quod sumus.«
Hoc cur, Philēte, scrīpserim, pulchrē vidēs.

WDH *adversus – aliquando – auris – contra (Adv.) – damnare – dens – dimittere – incipere – obicere – omnis – praeda – qui – rapere – satis – tunc – vis*

1 **fortis** bezogen auf canis – **velox, -ocis** schnell – **fera** Tier (→ 10) – 2 **alicui satis facere** jmdn zufrieden stellen – 3 **languēre** schwach, kraftlos sein – **ingravare** belasten – 4 **obicere + Dativ** hier: aussetzen – **hispidus** borstig – **sus, suis m./f.** Schwein – **hispidi suis** objektiver Genitiv zu pugnae – 5 **arripere** packen – **cariosus** morsch – 6 **venator, -oris m.** Jäger – 7 **obiurgare** schelten, züchtigen – **latrare** bellen – **senex** erg. canis dixit (→ 6.12) – 8 **destituere** im Stich lassen – **animus ... vires** (→ 4) – **vires meae** erg. destituerunt (→ 6.12) – 9 **fuimus ... sumus** (→ 9.2) – **iam** vor sumus zu stellen – 10 **Philetus** Philetus; sonst unbekannte Widmungsperson des 5. Fabelbuches – **pulchre** wohl, gut (→ 6.1) – **vidēre + indirekter FS** merken; Phaedrus überlässt dem Leser die Formulierung der »Lehre«, die aus der Fabel zu ziehen ist

APPENDIX PEROTTINA

III. POETA

Nōn plūs esse aequō petendum.
Arbitriō sī nātūra finxisset meō
genus mortāle, longē foret īnstructius:
nam cuncta nōbis attribuisset commoda,
quaecumque indulgēns Fortūna animālī dedit:
elephantī vīrēs, et leōnis impetum,
cornīcis aevum, glōriam taurī trucis,
equī vēlōcis placidam mānsuetūdinam,
et adesset hominī sua tamen sollertia.
Nīmīrum in caelō sēcum rīdet Iuppiter,
haec quī negāvit māgnō cōnsiliō hominī,
nē scēptrum mundī raperet nostra audācia.
Ergō contentī mūnere invictī Iovis
fātālis annōs dēcurrāmus temporis,
nec plūs cōnēmur quam sinit mortālitās.

WDH *aequum – aetas – arbitrari – animal – audacia – commodus – conari – consilium – ergo – fatum – fingere – hic – impetus – instruere – longe – mortalis – munus – negare – petere – placidus – quam – qui – quicumque – sinere – vis*

esse vor petendum zu stellen – 1 **arbitrium** < arbitrari – 2 **foret** (→ 7) – **instructus** gut ausgestattet – 3 **commodum** Vorzug – 4 **indulgens, -ntis** gütig – **Fortuna** Glücksgöttin – **animali** (→ 9.2) – 5 **elephantus m.** (→ 3) Elefant – **leo, -onis m.** Löwe – 6 **cornix, -icis m.** Krähe (→ 10) – **aevum** (→ 10) hohes Lebensalter – **gloria** hier: Zierde, Stolz; gemeint sind die Hörner – **trux, trucis** wild – 7 **velox, -ocis** schnell –

mansuetudo, -dinis f. Zahmheit, Gefügigkeit – 8 **sollertia** Intelligenz – 9 **nimirum** natürlich – **Iuppiter, Iovis** Zeus – 10 **haec** Bezug auf die Vorzüge der Tiere – 11 **sceptrum** (→ 3) Herrschaft – **mundus** Welt(all) – **audacia** (→ 4) – 12 **invictus** unbesiegt, unbesiegbar – 13 **fatalis, -e** < fatum **decurrere** durchlaufen – 14 **mortalitas, -tatis f.** < mortalis

V. DE VERITATE ET MENDACIO

Ōlim Promētheus saeculī figulus novī
cūrā subtīlī Vēritātem fēcerat,
ut iūra posset inter hominēs reddere.
Subitō accersitus nuntiō māgnī Iovis
commendat officīnam fallācī Dolō,
in disciplīnam nūper quem recēperat.
Hic studiō accēnsus faciē simulācrum parī,
ūnā stātūrā, simile et membrīs omnibus,
dum tempus habuit, callidā finxit manū.
Quod prope iam tōtum mīrē cum positum foret,
lutum ad faciendōs illī dēfēcit pedēs.
Redit magister; quō festīnanter Dolus
metū turbātus in suō sēdit locō.
Mīrāns Promētheus tantam similitūdinem,
propriae vidērī voluit artis glōriam.
Igitur fornācī pariter duo sīgna intulit;
quibus percoctīs atque īnfūsō spīritū,
modestō gressū sanctā incessit Vēritās;
at trunca speciēs haesit in vestīgiō.
Tunc falsa imāgō atque operis fūrtīvī labor
Mendācium appellātum est. Quod negantibus
pedēs habēre facile et ipse assentiō.

WDH *accendere – arcessere – at – cedere – commendare – deficere – disciplina – dum – fallere – fingere – fundere – haerere – hic –*

igitur – ille – imago – inferre – ipse – membrum – metus – mirari – mirus – negare – olim – par – proprius – qui – recipere – sanctus – signum – similis – simulacrum – species – tantus – tunc – vestigium

mendacium Lüge – 1 **Prometheus** Prometheus; Sohn des Titanen Iapetos; gilt in der Mythologie als Helfer der Menschen und wurde für seinen Einsatz für die Menschen von Zeus bestraft – **saeculum** hier: Menschengeneration – **figulus** Töpfer; nach einer der vielen antiken Schöpfungsmythen hat Prometheus die Menschen aus Lehm geschaffen – 2 **subtilis, -e** genau, gründlich – **Veritas** Personalisierung des Abstraktums – 3 **iura** (→ 9.2) – **ius reddere** Recht sprechen; Prometheus in der Rolle des menschlichen Wohltäters, als Begründer der menschlichen Zivilisation – **posset** Subjekt ist die Veritas – 4 **accersere** = arcessere – **nuntius** gemeint ist der Götterbote Hermes – **Iuppiter, Iovis m.** Zeus – 5 **commendat** (und folgend) narratives Präsens – **officina** Atelier, Werkstatt – **fallax, -acis** < fallere – **dolus** List, Trug – **Dolus** personifiziertes Abstraktum wie Veritas – 6 **quem** vor in disciplinam zu stellen (→ 9.7) – 7 **facies, -iei f.** Gesicht – 8 **statura** Wuchs – 9 **callidus** verschlagen – **10 foret** (→ 7) – **cum** nach quod zu stellen (→ 9.7) – 11 **lutum** Lehm, Ton(-erde) – 12 **magister, -tri m.** (Lehr-)Meister; Dolus ist Geselle des Prometheus – **quo** nimmt redit magister wieder auf – **festinanter** eilends – 13 **turbare** verwirren – 14 **similitudo, -dinis f.** < similis – 15 **videri** erg. simulacrum (→ 6.12) – **gloria** Zierde, Stolz – **gloriam** Prädikatsnomen zu videri – 16 **fornax, -acis f.** (Töpfer-)Ofen – **pariter** gleichzeitig – **signum** Figur – 17 **percoquere, -coquo, -coxi, -coctum** ausbacken – **infundere, -fundo, -fusi, -fusum** < in+fundere – **spiritus, -us m.** Lebenshauch – 18 **modestus** bescheiden – **gressus, -us m.** Gang – **incedere** = cedere (→ 9.6) – **truncus** verstümmelt – **haerere in vestigio** nicht vom Fleck kommen – 20 **furtivus** verstohlen, heimlich – 21 **quod** bezogen auf

mendacium – **negantibus** erg. hominibus (→ 6.12) – 21/22 **quod … habere** lies: quod pedes habere negantibus

XII. QUOMODO DOMANDA SIT FEROX IUVENTUS

Pater familiās saevum habēbat fīlium.
Hic ē cōnspectū cum patris recesserat,
verberibus servōs afficiēbat plūrimīs
et exercēbat fervidam adulēscentiam.
Aesōpus ergō nārrat hoc breviter senī:
»Quīdam iuvencō vetulum adiungēbat bovem.
Is cum refugiēns imparī collō iūgum
aetātis excūsāret vīrēs languidās:
›Nōn est, quod timeās‹ inquit illī rūsticus;
›nōn ut labōrēs faciō, sed ut istum domēs,
quī calce et cornū multōs reddit dēbilēs.‹
Et tū nisī istum tēcum assiduē dētinēs
ferōxque ingenium comprimis clēmentia,
vidē, nē querēla māior accrēscat domūs.«
Atrōcitātī mānsuētūdō est remedium.

WDH *adiungere – adulescentia – aetas – afficere – cedere – conspectus – cornu – crescere – ergo – ferox – hic – ille – ingenium – is – iste – iugum – iuventus – par – premere – qui – quidam – reddere – saevus – vetus – vis*

1 **familias** = familiae (→ 7) – 2 **cum** sooft – **recedere** = cedere (→ 9.6) – 3 **verbera, -um n.** Prügel – 4 **exercere** hier: austoben – **fervidus** hitzig – 5 **hoc** erg. argumentum (Geschichte; → 6.12) – **seni** = patri – 6 **iuvencus** junger Stier – **vetulus** < vetus – **adiungere + Dat.** mit jmdm (unter einem Joch) zusammenschirren – **bos, bovis m./f.** Ochse, Rind – 7 **is** Bezug auf bos – **refugere** meiden, scheuen – **impar, -is** schwächer – **collum** Nacken – 8 **excusare** vor-

schützen – **languidus** matt – 9 **non est quod + Konjunktiv** es gibt keinen Grund, dass – **illi** = ei (→ 6.4) – **rusticus** Bauer – 10 **facio** erg. id (→ 6.12; gemeint ist das Zusammenschirren mit dem Stier) – **domare** zähmen – 11 **calx, calcis** Huf – **reddere alqm debilem** jmdn zu einem Krüppel machen – 12 **assiduus** beständig – **detinere** niederhalten – 13 **comprimere** hemmen – **clementia** Sanftmut – 14 **querela** (Weh-)Klage – **accrescere** anwachsen – 15 **atrocitas, -tatis f.** Wildheit – **mansuetudo, -dinis f.** Sanftmut – **remedium** Heilmittel

XIII. QUOMODO COMPRIMATUR ALIQUANDO IACTANTIA

Victōrem forte gymnicī certāminis
iactantiōrem cum vīdisset Phryx sophus,
interrogāvit an plūs adversārius
valuisset eius. Ille: »Nē istud dīxeris!
Multō fuēre vīrēs māiōrēs meae.«
»Quod« inquit »ergō, stulte, meruisti decus,
minus valentem sī vīcistī fortior?
Ferendus esses, forte sī tē dīceres
superāsse, melior quī fuisset vīribus.«

WDH *an – certamen – decus – ergo – forte – ille – is – iste – maior – melior – merere – premere – qui – superare – valere – vis*
comprimere unterdrücken – **iactantia** Prahlerei – 1 **gymnicus** (→ 3) sportlich – 2 **iactans, -ntis** prahlerisch – **Phryx, -gis** phrygisch; Phrygien, eine Landschaft in Kleinasien ist Heimat des Aesop – **sophus** (→ 3) Weiser – **Phryx sophus** = Aesopus (→ 10) – 3 **adversarius** Gegner – 5 **fuēre** (→ 7) – 7 **valentem** erg. adversarium (→ 6.12) – 9 **superāsse** (→ 9.1)

XIV. QUOMODO INGENIA SAEPE CALAMITATE INTERCIDANT

Asinus iacentem vīdit in prātō lyram.
Accessit et temptāvit chordās ungulā;
sonuēre tāctae. »Bella rēs, sed meherculēs
male cessit« inquit »artis quia sum nescius.
Sī repperisset aliquis hanc prūdentior,
dīvīnīs aurēs oblectāsset cantibus.«
Sīc saepe ingenia calamitāte intercidunt.

WDH *aliquis – auris – calamitas – cedere – divinus – hic – iacēre – ingenium – male – nescire – prudentia – quia – reperire – tangere – temptare*
1 **asinus** Esel – **pratum** Wiese – **lyra** (→ 3) Leier – 2 **temptare** (zu zupfen) versuchen – **chorda** (→ 3) Saite – **ungula** Huf – 3 **sonare, sono, sonui** erklingen – **bellus** hübsch (→ 6.2) – **mehercules!** fürwahr! (→ 6.3) – 4 **male cessit** was für ein Pech (→ 6.2) – **nescius + Genitiv** < nescire – 5 **prudens** < prudentia; kundig – 6 **oblectare** ergötzen – **oblectāsset** (→ 9.1) – **cantus, -us m.** Musik, Melodie – 7 **calamitate** hier: unglücklicherweise; gemeint ist das Pech, etwas zu finden, mit dem man mangels körperlicher Voraussetzungen nichts anfangen kann

XVII. QUAM NOCEAT SAEPE VERUM DICERE

Aesōpus turpī cum servīret fēminae,
quae sē expingendō tōtum intrīcāret diem,
vestem, ūniōnēs, aurum, argentum sūmeret,
nec invenīret digitō quī sē tangeret,
»Licetne paucīs?« inquit. – »Dīcās« – »Cēnseō,
quidvīs efficiēs, cultum sī dēpōsueris.« –
»Adeōne per mē videor tibī meliuscula?« –

»Immō, nisī dederis, sponda cessābit tua.« –
»At nōn cessabunt latera« respondit »tua«
et obiūrgārī iussit servum garrulum.
Paulō post armillam tollit fūr argenteam.
Eam nōn apparēre ut dictum est mulierī,
furōre plēna vocat omnēs et verbera
prōpōnit gravia, vērum sī nōn dīxerint.
»Aliīs mīnāre« inquit »mē nōn fallēs, era;
flagrīs sum caesus, vērum quīa dīxī modō.«

WDH *adeo – apparere – argentum – at – aurum – caedere – censere – deponere – digitus – efficere – fallere – furor – gravis – latus – licet – immo – invenire – modo – mulier – nocere – omnis – pauci – pingere – plenus – post – proponere – quam – qui – quia – servire – sumere – tangere – totus – turpis – ut – verum (Subst.) – vestis – videri*

2 **expingere** < ex+pingere; schminken – **intricare** vertrödeln, totschlagen – 3 **unio, -onis f**. Perle – 4 **qui** vor digito stellen (→ 9.7) – **digito ... tangeret** RS mit konsekutiver Sinnrichtung als Objekt – 5 **licetne paucis** erg. verbis tibi aliquid dicere (→ 6.12) – 6 **quidvis** (alles) was du willst – **cultus, -us m.** Putz (Schminke + Schmuck) – 7 **meliusculus** = melior (→ 6.2) – 8 **dederis** erg. aliquid (→ 6.12) – **sponda** Bett – **cessare** leer bleiben – 9 **latus, -teris n.** hier: Leib – **latera** (→ 9.2) – 10 **obiurgare** schlagen – **garrulus** schwatzhaft – 11 **paulo post** kurz darauf – **armilla** Armreif – **tollit** (und folgend) narratives Präsens – **fur, furis m.** Dieb – **argenteus** < argentum – 13 **verber, -is n.** Prügel – 15 **minari** drohen – **era** Herrin (→ 10) – 16 **flagrum** Peitsche

XIX. FACIENDUM PRIUS DE HOMINE PERICULUM QUAM EIUS TE COMMITTAS FIDEI

Premente partū scrōfa cum gemeret iacēns,
accurrit lūpus et obstetrīcis partibus
sē posse fungī dīxit prōmittēns opem.
Quae vērō nōsset pectoris fraudem improbī,
suspectum officium repudiāvit maleficī
et »Satis est« inquit »sī recēdis longius.«
Quodsī perfidiae sē commīsisset lupī
parī dolōre fētūs dēflēsset suōs.

WDH *committere – dolor – fides – fraus – fungi – iacēre – improbus – longe – novisse – officium – par – satis*
periculum facere de kennen lernen – 1 **partus, -us m.** Geburt – **scrofa** Wildsau – **gemere** stöhnen – 2 – **lupus** Wolf – **obstetrix, -icis f.** Hebamme – 2/3 **partibus fungi** die Rolle übernehmen – **ops, opis f.** Hilfe – 4 **nosset** (→ 9.1) Konjunktiv mit kausaler Sinnrichtung – 5 **suspectus** verdächtig – **repudiare** zurückweisen – **maleficus** Bösewicht – 6 **recedere** = cedere (→ 9.6) – 7 **quodsi** wenn aber – **perfidia** Hinterlist; (→ 4) – **commisisset** erg. scrofa (→ 6.12) – 8 **pari dolore** vgl. Vers 1 – **fetus, -us m.** Wurf, Sprössling – **deflere** beweinen – **deflēsset** (→ 9.1)

XX. NON ESSE MALO ADDENDUM MALUM

Servus prōfugiēns dominum nātūrae asperae
Aesōpō occurrit nōtus ē vīcīniā.
»Quid tū cōnfūsus?« – »Dīcam tibī clārē, pater:
hōc namque es dīgnus appellārī nōmine,
tūtō querēla quia apud tē dēpōnitur.
Plāgae supersunt, dēsunt mihī cibāria.

Subinde ad vīllam mittor sine viāticō.
Domī sī cēnat, tōtīs perstō noctibus,
sīve est vocātus, iaceō ad lūcem in sēmitā.
Ēmeruī lībertātem, cānus serviō.
Ūllius essem culpae mihī sī cōnscius,
aequō animō ferrem; numquam sum factus satur
et super īnfēlīx saevum patior domīnium.
Hās propter causās et quās longum est prōmere,
abīre destināvī, quō tulerint pedēs.«
»Ergō« inquit »audi! Cum malī nīl fēceris,
haec experīris, ut refers, incommoda;
quid, sī peccāris? quae tē passūrum putās?«
Tālī cōnsiliō est ā fugā dēterritus.

WDH *aequus – asper – commodus – conscius – consilium – culpa – deponere – dignus – ergo – experiri – felix – fieri – fugere – hic – iacēre – lux – merere – pati – peccare – qui – quia – referre – sive – superesse – talis – terrere – ullus*

1 **profugere** = fugere (→ 9.6) – 2 **vicinia** Nachbarschaft – 3 – **confusus** erg. verwirrt – 4 **namque** = nam – 5 **tuto** (Adverb) gefahrlos – **querela** Klage – 6 **plaga** (→ 3) Schlag – **superesse** reichlich vorhanden sein – **cibarium** Nahrung – 6 **subinde** oft – **viaticum** Wegzehrung – 8 **domi** zu Hause – **cenat** erg. dominus (→ 6.12) – 9 **vocare** hier: einladen – **semita** Bürgersteig – 10 **emerere** = merere (→ 9.6) – **canus** ergraut – 12 **satur, -tura, -turum** satt – 13 **super** (Adverb) obendrein – **infelix** < in+felix – **dominium** Gewalt – 14 **promere** darlegen, aufzählen – 15 **destinare** beschließen – 16 **inquit** erg. Aesopus (→ 6.12) – **nil** (→ 7) – 17 **incommodus** < in+commodus – 18 **quid** erg. experieris (→ 6.12) – **peccaris** (→ 9.1) – **passurum** erg. esse (→ 6.12) – 19 **deterrere** de+terrere – **est deterritus** erg. servus (→ 6.12)

XXI. FERENDUM ESSE AEQUO ANIMO QUICQUID ACCIDERIT

Equum ex quadrīgā multīs palmīs nōbilem
abēgit quīdam et in pistrīnum vēndidit.
Prōductus ad bibendum cum foret ā molīs,
in circum aequālēs īre cōnspexit suōs,
ut grāta lūdīs redderent certāmina.
Lacrimīs obortīs: »Īte fēlīcēs!« ait,
»celebrāte sine mē cursū sollemnem diem.
Egō quō scelesta fūris attrāxit manus,
ibī sorte trīstī fāta dēflēbō mea.«

WDH *accidere – agere – ait – celebrare – certamen – conspicere – cursus – fatum – felix – lacrima – nobilis – quidam – quisquis – reddere – scelestus – sors – trahere – tristis – vendere*

1 **quadrigae, -arum f.** Viergespann – **quadriga** (→ 9.2) – **palma** Siegespalme – 2 **abigere** rauben – **pistrinum** (Stampf-)Mühle – 3 **foret** (→ 7) – **molae, -arum f.** Mühle – 4 **circus** Rennbahn – **aequalis, -is m.** Artgenosse – **reddere** bieten – 6 **oboriri, -ortus sum** hervorbrechen – 7 **sollemnis, -e** festlich – 8 **fur, furis m.** Dieb – **attrahere** herbeischleppen – **manus** (→ 4) – 9 **deflere** beweinen

XXIV. NIHIL ITA OCCULTUM ESSE QUOD NON REVELETUR

Pāstor capellae cornu baculō frēgerat.
Rogāre coepit nē sē dominō prōderet.
»Quamvīs indīgnē laesa reticēbō tamen;
sed rēs clamābit ipsa, quid dēlīqueris.«

WDH *cornu – dignus – frangere – incipere – ipse – laedere – occultus – prodere – quamquam – qui – quis – tacere*

revelare enthüllen – **reveletur** RS mit konsekutiver Sinnrichtung – 1 **pastor, -oris m.** Hirte – **capella** Geiß – **baculum** Stock – 2 **rogare coepit** (→ 5); erg. eam (→ Sprache 6.12) – 3 **quamvis** = quamquam; erg. inquit capella (→ 6.12) – **indignus** < in+dignus – **reticēre** = tacere (→ 9.6) – 4 **res** (sichtbarer) Tatbestand – **delinquere, -linquo, -liqui, -lictum** verbrechen

XXV. SERPENS ET LACERTA

Ubī leōnis pellis dēficit, vulpīnam īnsuendam esse:
hoc est, ubī dēficiunt vīrēs astū utendum.
Serpēns lacertam forte adversam prēnderat;
quam dēvorāre patulā cum vellet gulā,
arripuit illa prope iacentem surculum
et pertinācī morsū trānsversum tenēns
avidum sollertī rictum frēnāvit morā.
Praedam dīmīsit ōre serpēns irritam.

WDH *adversus – comprehendere – deficere – dimittere – forte – hic – iacēre – ille – mora – os – praeda – rapere – qui – uti – velle – vis*

leo, -onis m. Löwe – **pellis, -is f.** Fell – **vulpinus** eines Fuches – **insuere** an–, aufnähen – **hoc est** das heißt – **astus, -us m.** List – 1 **serpens, -ntis m.** Schlange – **lacerta** Eidechse – **adversus** vor vorne – **prendere** comprehendere (→ 9.1; 9.6) – 2 **devorare** hinunterschlingen – **patulus** weit (geöffnet) – **gula** Rachen – 3 **arripere** < ad+rapere – **illa** = lacerta – **surculus** Zweig – 4 **pertinax, -acis** hartnäckig – **morsus, -us m.** Biss – **transversus** quer – 5 **avidus** gierig – **sollers, -rtis** schlau – **rictus, -us m.** (aufgesperrter) Rachen – **avidum rictum** (→ 4) – **frenare** bremsen – 6 **irritus** unnütz

XXVI. MULTOS LACESSERE DEBILES ET CEDERE FORTIBUS

Odiōsa cornīx super ovem cōnsēderat.
Quam dorsō cum tulisset invīta et diū:
»Hoc« inquit »sī dentātō fēcisses canī,
poenās dedisses.« Illa contrā pessima:
»Dēspiciō inermēs, eadem cēdō fortibus;
sciō, quem lacessam, cuī dolōsa blandiar.
Ideō senectam mille in annōs prōrogō.

WDH *cedere – considere –hic – idem – ille – invitus – odium – pessimus – poena – qui – quis*
lacessere reizen – **debilis, -e** schwach – 1 **odiosus** < odium – **cornix, -icis f.** Krähe (→ 10) – **super + Akkusativ** auf – **ovis, -is f.** Schaf – 2 **dorsum** Rücken – 3 **hoc** bezogen auf Vers 1 – **dentatus** mit Zähnen (versehen) – **canis, -is m.** Hund – **poenas dare** büßen – 5 **despicere** verachten – **inermis, -e** wehrlos – **eadem** bezogen auf illa; hier: zugleich – 6 **dolosus** listig – **blandiri** schmeicheln – **ideo** daher – **senecta** erg. aetas (→ 6.12) hohes Alter; nach antiker Vorstellung erreichten Krähen ein neunmal längeres Lebensalter als die Menschen – **prorogare** verlängern

XXXII. PRAVIS NON ESSE FIDEM ADHIBENDAM

Avis, quam dīcunt terrāneolam rūsticī.
– in terrā nīdum quia compōnit scīlicet –
forte occucurrit improbae vulpēculae.
Quā visā pennīs altius sē sustulit.
»Salvē!« inquit illa »Cūr mē fūgistī, obsecrō?
Quasi nōn abundē sit mihī in prātō cibus:
grillī, scarabaeī, lōcustārum cōpia.

Nihil est, quod metuās; egō tē multum dīligō
propter quiētōs mōrēs et vītam probam.«
Respondit contrā: »Tū quidem bene praedicās.
In campō nōn sum, sed pār sub dīvō tibī.
Quīn sequere! Tibī salūtem committō meam.«

WDH *adhibere – committere – componere – copia – diligere – divus – fides – forte – ille – improbus – metuere – occurrere – par – probus – quasi – qui – quia – quidem – salus – sequi – tollere*

pravus schlecht – 1 **avis, -is f.** Vogel – **terraneola** Haubenlerche – **rusticus** Bauer – 2 **nidus** Nest – **quia** vor in terra stellen (→ 9.7) – **scilicet** (< scire licet) natürlich – 3 **occucurrit** (→ 6.8) – **vulpecula** = vulpes Fuchs (→ 6.2) – **pennae, -arum f.** Flügel – 5 **salve!** sei gegrüßt! – **illa** bezogen auf vulpecula – **obsecro!** um Himmels willen (→ 6.3) – 6 **abunde** reichlich – **pratum** Wiese – **cibus** Nahrung – 7 **grillus** (→ 3) Grille – **scarabaeus** (→ 3) Käfer – **locusta** Heuschrecke – 8 **quod metuas** RS mit explikativer Sinnrichtung – 10 **respondit** erg. avis (→ 6.12) – **praedicare** rühmen – **praedicas** erg. me (→ 6.12) – 11 **sub divo** unter (dem freien) Himmel – **in … tibi** lies: in campo tibi par non sum, sed sub divo – 12 **quin + Imperativ** also, doch – **sequere** erg. me (→ 6.12)

Die Rezeption der Fabeln des Phaedrus seit dem 14. Jahrhundert

Ulrich Boner (um 1340)

aus: Der Edelstein (1461) Von einem Wolfe und einem Schafe – Von unrechter Gewalt – Phaedrus I 2

Ein Wolf vom Durste dazu kam,
dass er den Weg zum Wasser nahm;
ein Schaf zog gleichem Ziele nach,
und beide kamen an einen Bach.
Weit überm Schafe labte sich
der Wolf; er sprach: »Fluch über dich!
Dass du mich nicht lässt trinken hier
und trüb' gemacht das Wasser mir,
das soll dir noch zum Schaden sein!«
Das Schaf sprach: »Wolf, lass mich gedeih'n!
Nicht hab' ich Schaden dir getan.
Das Bächlein fließt doch, daran kann
wohl niemand zweifeln, her zu mir
und fließet nicht hinauf zu dir;
dadurch hast du das Wasser mir
getrübt, nicht aber trübt' ich's dir.«
Der Wolf sah auf das Schaf voll Grimm
und sprach mit hartem Wort zu ihm:
»Was soll der Widerstreit von dir,
dass du bedrohst mein Leben hier?
Soll's mir von dir nicht besser geh'n,
als mir vom Vater dein gescheh'n?
Vor sieben Jahren es geschah,
und dich an seiner Seit' ich sah.«
Voll Einfalt sprach das Schaf zur Frist:
»Dein Wort ist voller Hinterlist.
In meinen Jahren irrst du dich,
nicht sieben Monat alt bin ich;

dazu sprichst du, ich drohe dir.
Das ist nicht wahr, du drohest mir.«
Sogleich der Wolf zum Schaf begann:
»Wie kannst du deinen Mund, sag' an,
auftun und reden wider mich
mit gleicher Hoffart? Das will ich
an dir nun rächen; fürwahr es eilt!«
Da fraß das Schaf er unverweilt.
(Übertragung nach der Textvorlage von Aschendorff)

Helmut Arntzen (* 1931)
Aus: Kurzer Prozess. Aphorismen und Fabeln – Phaedrus I 2

Der Wolf kam zum Bach. Da entsprang das Lamm.
»Bleib' nur, du störst mich nicht!«, rief der Wolf.
»Danke!, rief das Lamm zurück, »ich habe im Äsop gelesen.«

Heinrich Steinhöwel (1412–1482/83)
aus: Esopus, 1476, Die 5. Fabel von dem Hund und dem Stück Fleisch – Phaedrus I 4

Wer zu gierig ist nach fremdem Gut, verliert oft sein eigenes Gut dadurch. Von solchen Leuten sagt Äsop also:
Ein Hund trug ein Stück Fleisch im Maul und lief durch fließendes Wasser. Im Durchlaufen sieht er, wie das Fleisch sich im Wasser spiegelt und wähnt, er sehe ein anderes Stück in dem Wasser, und war begierig, dasselbe auch zu nehmen; und sobald er das Maul auftut, dasselbe zu erwischen, entfiel ihm das, was er zuvor trug, und das Wasser führte es bald hinweg. Also stand er und hatte das Gewisse mit dem Ungewissen verloren.
Darum: Wer gierig zu viel will, dem wird oft zu wenig.
(deutsche Fassung: W. Siewert)

William Caxton (um 1422–1491)

The Lion and the Cow, the Goat and the Sheep – Phaedrus I 5

Man say that it is not good for a servant to eat plums with his Lord; and to the poor, it is not good to have partage and division with him which is rich an mighty; wereof Aesop rehearseth such a fable.

The Cow, the Goat and the Sheep went once ahunting in the chase with a Lion, and they took a Hart. And when they came to have theire part an share in it, the Lion said to them:

"My lords, I let you wit that the first part is mine, because I am your lord; the second because I am stronger than ye be; the third because I ran more swift than ye did; and whosoever toucheth the fourth parth, he shall be my mortal enemy!"
And thus the Lion took for himself alone the Hart.

Die Leute sagen, es sei nicht gut für einen Diener, Pflaumen mit seinem Herrn zu essen; und zu einem Armen sagen sie, es sei nicht gut, mit dem gemeinsame Sache zu machen und zu teilen, der reich und mächtig ist. Davon erzählte Äsop folgende Fabel: Eine Kuh, eine Geiß und ein Schaf gingen einst mit einem Löwen auf die Jagd, und sie erbeuteten einen Hirsch. Und als sie daran gingen, ihre Anteile unter sich aufzuteilen, sagte der Löwe zu ihnen:
»Meine Herren, ich lasse euch hiermit wissen, dass das erste Viertel mir gehört, weil ich euer Herr bin; das Zweite, weil ich stärker bin als ihr; das Dritte, weil ich schneller gerannt bin als ihr; und wer auch immer das Vierte anrührt, wird mein Todfeind sein!« Und so behielt der Löwe den Hirsch ganz für sich allein.
(Ü. W. Siewert)

Martin Luther (1483–1546)

aus: Etliche Fabeln aus Esopo von D.M.L. verdeudscht (1530): Vom Kranich und Wolf – Phaedrus I 8

Da der Wolf einstmals ein Schaf gierig fraß, blieb ihm ein Bein quer im Halse stecken, wodurch er große Not und Angst hatte, und er erbot sich, großen Lohn und ein Geschenk dem zu geben, der ihm helfe. Da kam der Kranich und stieß seinen langen Hals dem Wolf in den Rachen und zog das Bein heraus. Da er aber den verheißenen Lohn forderte, sprach der Wolf: »Willst du noch Lohn haben? Danke du Gott, dass ich dir den Hals nicht abgebissen habe. Du solltest mir etwas schenken dafür, dass du lebendig aus meinem Rachen gekommen bist.«
Diese Fabel zeigt: Wer den Leuten in der Welt wohl tun will, der muss darauf gefasst sein, Undank zu verdienen: die Welt lohnt nicht anders als mit Undank. Wie man auch spricht: Wer einen vom Galgen erlöst, dem hilft derselbe gerne dran. (deutsche Fassung: W. Siewert)

Gotthold Ephraim Lessing (1729–1781)

aus: Fabeln II 15, 1759 Der Rabe und der Fuchs – Phaedrus I 13

Ein Rabe trug ein Stück vergiftetes Fleisch, das der erzürnte Gärtner für die Katzen seines Nachbarn hingeworfen hatte, in seinen Klauen fort. Und eben wollte er es auf einer alten Eiche verzehren, als sich ein Fuchs herbeischlich und ihm zurief: »Sei mir gegrüßt, Vogel des Jupiter!« – »Für wen siehst du mich an?«, fragte der Rabe. –»Für wen ich dich ansehe?«, erwiderte der Fuchs. »Bist du nicht der rüstige Adler, der täglich von der Rechten des Zeus auf diese Eiche herabkommt, mich Armen zu speisen? Warum verstellst du dich? Sehe ich denn nicht in der siegreichen Klaue die erflehte Gabe, die mir dein Gott durch dich zu schicken noch fortfährt?«
Der Rabe erstaunte und freute sich innig, für einen Adler gehalten zu werden. Ich muss, dachte er, den Fuchs aus diesem Irrtum nicht bringen. – Großmütig dumm ließ er ihm also seinen Raub herabfallen und flog stolz davon.

Der Fuchs fing das Fleisch lachend auf und fraß es mit boshafter Freude. Doch bald verkehrte sich die Freude in ein schmerzhaftes Gefühl: das Gift fing an zu wirken, und er verreckte. Möchtet ihr euch nie etwas anderes als Gift erloben, verdammte Schmeichler!

Johann Wilhelm Ludwig Gleim (1719–1803)
aus: Fabeln, 1756/7 – Phaedrus I 12

Ein Hirsch bewunderte sein prächtiges Geweih
im Spiegel einer klaren Quelle.
»Wie schön steht es«, sprach er, »recht auf derselben Stelle,
wo Königskronen stehn, und wie so stolz und frei!
Vollkommen ist mein ganzer Leib, allein
die Beine sind es nicht: die sollten stärker sein!«
Indem er sie besieht mit ernstlichem Gesicht,
hört er im nahen Busch ein Jägerhorn erschallen,
merkt auf, sieht eine Jagd von dem Gebirge fallen,
erschrickt und flieht davon. Nun aber hilft ihm nicht
sein kronentragend Haupt, dem nahen Tod entfliehn,
nicht sein vollkommner Leib; die Füße retten ihn.
Die reißen wie ein Pfeil die mächtige Gestalt
mit sich durch flaches Feld und fliehen in den Wald.
Da aber halten ihn im vogelschnellen Lauf
an starken Zweigen oft die vierzehn Enden auf.
Er reißt sich los, er flucht darauf,
lobt seine Beine nun und lernet noch im Fliehn,
das Nützliche dem Schönen vorzuziehn.

James Thurber (1894–1961)
aus: Further Fables for Our Time, New York 1956 – Phaedrus I 5

The Lion and the Foxes	Der Löwe und die Füchse
The lion had just explained to the cow, the goat and the sheep that the stag they killed	Gerade hatte der Löwe dem Schaf, der Ziege und der Kuh auseinander gesetzt, dass der

belonged to him, when three little foxes appeared on the scene.

"I will take a third of the stag as a penalty", said one, "for you have not hunter's license."
"I will take a third of the stag for your widow", said another, "for that is the law."

"I have no widow", said the lion.
"Let us not split hairs", said the third fox, and he took his share of the stag as a withholding tax. "Against a year of famine", he explained.

"But I am the king of beasts", roared the lion.
"Ah, then you will not need the antlers, for you have a crown", said the foxes, and they took the antlers, too.

Moral: It is not as easy to get the lion's share nowadays as it used to be.

von ihnen erlegte Hirsch einzig und allein ihm gehöre, als drei Füchse erschienen und vor ihn hintraten.
»Ich nehme ein Drittel des Hirsches als Strafgebühr«, sagte der Fuchs. »Du hast nämlich keinen Jagdschein.«
»Und ich«, sagte der Zweite, »nehme ein Drittel des Hirsches für deine Witwe, denn so steht es im Gesetz.«
»Ich habe gar keine Witwe«, knurrte der Löwe.
»Lassen wir doch die Haarspaltereien!«, sagte der dritte Fuchs und nahm sich ebenfalls seinen Anteil. »Als Einkommensteuer«, erklärte er. »Das schützt mich ein Jahr lang vor Hunger und Not.
»Aber ich bin der König der Tiere«, brüllte der Löwe.
»Na, dann hast du ja eine Krone und brauchst das Geweih nicht«, bekam er zur Antwort, und die drei Füchse nahmen auch noch das Hirschgeweih mit.
Moral: Heutzutage ist es nicht mehr so leicht wie in früheren Zeiten, sich den Löwenanteil zu sichern.
(Ü. Ulla Hengst)

Johann Adolf Schlegel (1721–1793)

aus: Fabeln und Erzählungen, 1769 – Phaedrus I 23

Wer plötzlich anfängt zu verschenken
und sonst doch nicht im Ruf der seltnen Großmut steht,
ist Toren angenehm, da er mit seinen Ränken
doch niemals Kluge hintergeht.
Er will sie zu Gehilfen dingen,
wohl zehnfach das Geschenk ihm wieder einzubringen.
Und sollt' ihr Beistand auch darinnen nur besteh'n,
indes auf das Geschenk und nicht auf ihn zu seh'n.

Ein schlauer Dieb sah einst sich einen Reichen aus
und stieg zur Nachtzeit in sein Haus,
weil er sich dies und das daraus zu holen dachte.
Trotz seines leisen Tritts erwachte
des Hauses muntrer Hund und boll.
Dem Diebe kam das Bellen ungelegen;
er sucht' ihn durch ein Brot zum Schweigen zu bewegen.
»Wahr ist es«, spricht der Hund, »dies Brot riecht trefflich wohl,
jedoch ich merke schon, es soll
mich in der Eil' zufrieden stellen.
Die Hand, die insgeheim uns Hunden etwas beut,
pflegt gern zu nehmen. Nein! Hier braucht es Wachsamkeit,
und diese schnelle Mildigkeit
bewegt mich desto mehr zu bellen!«

Wilhelm Busch (1832–1908)

Aus: Wilhelm Buschs Werke, Bd 7 (hg. von O. Nöldeke, 1943)
Fink und Frosch – Phaedrus I 24

Im Apfelbaume pfeift der Fink sein : pinkepink!
Ein Laubfrosch klettert mühsam nach bis auf des Baumes Blätterdach
Und bläht sich auf und quakt. »Ja, ja! Herr Nachbar, ik bin och noch da!«

Und wie der Vogel frisch und süß sein Frühlingslied erklingen
ließ,
gleich muss der Frosch in rauen Tönen den Schusterbass
dazwischen dröhnen.
»Juchheija, heija!«, spricht der Fink, »fort flieg ich flink!«
und schwingt sich in die Lüfte hoch. »Wat!«, ruft der Frosch,
»dat kann ik och!«
Macht einen ungeschickten Satz, fällt auf den harten
Gartenplatz,
ist platt, wie man die Kuchen backt, und hat für ewig
ausgequakt.

Wenn einer, der mit Mühe kaum geklettert ist auf einen Baum,
schon meint, dass er ein Vogel wär, so irrt sich der.

Johann Wolfgang von Goethe (1749–1832)

aus: 16 Parabeln, 1827, daraus:
Fuchs und Kranich, 1819 – Phaedrus I 26

Zwei Personen, ganz verschieden,
luden sich bei mir zu Tafel;
diesmal lebten sie in Frieden,
Fuchs und Kranich, sagt die Fabel.

Beiden macht' ich was zurechte,
rupfte gleich die jüngsten Tauben;
weil er von Schakals Geschlechte
legt' ich bei geschwollne Trauben.

Langgehälstes Glasgefäße
setzt' ich ungesäumt dagegen,
wo sich klar im Elemente
Gold- und Silberfischlein regen.

Hättet ihr den Fuchs gesehen
auf der flachen Schüssel hausen,
neidisch müsstet ihr gestehen:
welch ein Appetit zum Schmausen!

Wenn der Vogel ganz bedächtig
sich auf einem Fuße wiegte,
Hals und Schnabel, zart und schmächtig
zierlich nach den Fischlein schmiegte.

Dankend freuten sie beim Wandern
sich der Tauben, sich der Fischchen;
jeder spottete des andern
Als genährt am Katzentischchen.

Willst nicht Salz und Schmalz verlieren,
musst, gemäß den Urgeschichten,
wenn die Leute willst gastieren,
dich nach Schnauz und Schnabel richten.

Johannes Pauli (1450/54–1522)
aus: Schimpf und Ernst, 693 kurze Geschichten, 1522
Phaedrus III 7

Zu einem Wolf kam einst ein feister Hund. Der Wolf sprach zu ihm: »Guter Gesell, wie lebst du, dass du also feiste bist, wogegen ich so mager bin?« Der Hund antwortete: »Ich diene einem Menschen, der gibt mir genug zu essen.« Der Wolf sprach: »So will ich mit dir gehen und will auch dienen.« Als sie dann miteinander gingen, sah der Wolf des Hundes Hals an und sprach zu ihm: »Wie kommt es, dass dein Hals so beschabt und kein Haar daran ist?« Jener sprach: »Bei Tage legt man mich gefangen und bindet mir ein Halsband um den Hals, das macht mich also blutig; aber wenn es Nacht ist, so bin ich ledig und frei!« Da sprach der Wolf: »Ade, ade, lieber Gesell! Ich will lieber mager und frei als feist und gefangen sein.«

Jean de La Fontaine (1621–1695)

aus: Fables 1668–94): Le coq et la perle (I 20) – Phaedrus III 12

Un jour, un coq détourna
Une perle, qu'il donna
Au beau premier lapidaire.
«Je la crois fine», dit-il,
«Mais le moindre grain de mil
Serait bien mieux mon affaire.»

Eines Tages entführte ein
Hahn eine Perle, die er
dem erstbesten Juwelier
gab. »Ich glaube«, sagte er,
»das ist ein kostbares Stück,
aber das kleinste Hirsekorn
brächte mir wohl mehr!«

Un ignorant hérita
D'un manuscrit, qu'il porta
Chez son voisin, le libraire.
«Je crois» dit-il, »qu'il est bon,
Mais le moindre ducaton
Serait bien mieux mon affaire.»

Ein Ungebildeter erbte eine
Handschrift, die er zu sei-
nem Nachbarn, dem Buch-
händler brachte. »Ich glau-
be«, sagte er, dass sie wert-
voll ist, aber der kleinste
Dukaten brächte mir wohl
mehr!« *(Ü: W. Siewert)*

Iwan Andrejewitsch Krylow (1769–1844)

aus: Sämtliche Fabeln – Phaedrus III 12

Beim Wühlen im Misthaufen fand ein Hahn eine Perle
Und sprach: »Wozu denn das? Was für ein wertloses Ding?
Ist es nicht töricht, dass man sie so hoch schätzt?
Ich hätt' mich in der Tat weitaus mehr gefreut über
ein Gerstenkorn. Es ist zwar nicht schön anzuseh'n,
aber es macht doch satt!« *(Ü: G. Flemming)*

Karl Wilhelm Ramler (1725–1798)
aus: Übersetzungen römischer Dichter – Phaedrus IV 3

Ein Fuchs, der auf die Beute ging,
fand einen Weinstock, der voll schwarzer Trauben
an einer hohen Mauer hing.
Sie schienen ihm ein köstlich Ding,
allein beschwerlich abzuklauben.
Er schlich umher, den nächsten Zugang auszuspähn.
Umsonst! Kein Sprung war abzusehn.
Sich selbst nicht vor dem Trupp der Vögel zu beschämen,
der auf den Bäumen saß, kehrt er sich um und spricht
und zieht dabei verächtlich das Gesicht:
»Was soll ich mir die Mühe nehmen?
Sie sind ja herb und taugen nicht.«

Edwin Hoernle (1883–1952)
Aus: Rote Lieder, 1968. Das Halsband – Phaedrus IV 7

Ein Hofhund hatte die Gewohnheit, bei Nacht aus dem Halsband zu schlüpfen und mit den Wölfen zu jagen.
Ein junger Wolf, der die Welt nicht kannte, wagte sich eines Nachts, auf die Kameradschaft des Hundes vertrauend, in den Hof des Bauern. Unbesorgt schritt er an dem blinzelnden Hofhund vorbei und den Ställen zu.
Mit einemmal fühlte er das scharfe Gebiss des Hundes im Genick.
»Was tust du?«, schrie er erschrocken. Böse Ahnungen stiegen in ihm auf.
»Meine Pflicht«, knurrte der Hofhund.
»Aber hast du nicht mit uns gejagt?«, fragte der Wolf.
»Gewiss, mein Lieber«, erwiderte der Hund, »und ich hoffe, es wieder zu tun. Aber jetzt bin ich im Dienst. Siehst du nicht mein Halsband? Als Beamter und Diener meines Herrn muss ich dich töten, als Tier bin ich dein Vetter, und mein Herz blutet um dich.«
Sprach's und biss dem Wölflein das Genick ab.

Aesop 266 – *Phaedrus IV 10*

Von den Menschen trägt jeder einen Ranzen, den einen vorne, den anderen hinten. Von Übeln strotzen beide: der vordere von fremden Übeln, der hintere von eigenen. Daher können die Menschen die fremden Übel erkennen, nicht aber die eigenen. *(Ü: W. Siewert)*

Friedrich von Hagedorn (1708–1754)

aus: Versuch in poetischen Fabeln und Erzählungen, 1738
Phaedrus IV 19

Der Bauer und die Schlange

Ein Ackersmann fand eine Schlange,
die fast erstarrt vor Kälte war.
Sein Arm entriss sie der Gefahr
und ihrem nahen Untergange.
Er nahm sie mit sich in sein Haus
und sucht' ihr einen Winkel aus,
wo noch ein Rest von Reisern glühte.
Doch als ihr Frost und Not entwich,
erholte, regt' und hub sie sich
und lohnte dem mit Biss und Stich,
den ihre Rettung so bemühte.
Betrogne Huld und Zärtlichkeit,
die Frevlern blindlings Hilfe beut!
Hier folgt der Schade stets der Güte.

Louis Ratisbonne (1827–1900)

aus: La comédie enfantine, 1863 – Phaedrus I 2

L'agneau et le loup	Das Lamm und der Wolf
Un agneau propre et blanc buvait dans un ruisseau.	Ein schmuckes weißes Lamm trank in einem Bach.

Le loup vient et lui dit: «Tu m'as sali cette eau, il faut que je te mange.»	Der Wolf kam und sagte zu ihm: »Du hast mir dieses Wasser verschmutzt. Ich muss dich fressen.«
Le mouton répondit, avec une voix d'ange: «Grâce, monsieur le Loup, ne soyez pas méchant! Je vais boire plus loin. » Le loup se rapprochant: «Moi, méchant! Je suis donc un méchant, à t'en croire? Je t'aurais pardonné de boire, mais cette injure veut du sang, tu vas mourir: je te dévore!»	Das Schaf erwiderte mit Engelszunge: »Gnade, Herr Wolf, seien Sie doch nicht böse. Ich werde weiter weg trinken.« Der Wolf kam näher: »Ich, böse! Ich bin also ein Bösewicht, wenn ich dir glauben darf? Ich hätte dir das Trinken vergeben, aber diese Beleidigung verlangt nach Blut. Du wirst sterben. Ich fresse dich auf.«
Une voix dans l'instant s'écria: «Pas encore!» Et c'était un chasseur, qui, près de là passant, voyant l'abominable bête courir sur l'agneau frémissant, lui décharge d'un coup son fusil dans la tête. L'agneau joyeux se sauve, et paf! le loup est mort. Les agneaux ont raison: les loups ont toujours tort.	In diesem Augenblick rief eine Stimme: »Noch nicht!« Es war ein Jäger, der, als er dort vorbeikam und sah, wie das abscheuliche Tier auf das vor Angst bebende Lamm losging, Sein Gewehr am Kopf des Wolfes entlud. Das Lamm rettet sich fröhlich, und peng, ist der Wolf tot. Die Lämmer haben Recht: Die Wölfe sind immer im Unrecht. *(Ü: W. Siewert)*

Aufgaben zur Textbearbeitung

I Prolog

- Welche Polarität baut der Dichter in den Versen 1–2 auf?
- Aesop gilt als der Schöpfer der griechischen Fabel. Welchen Anspruch erhebt Phaedrus, der römische Freigelassene, für sich?

I 1

- Untersuche Prädikate und Attribute zu den beiden Hauptakteuren der Fabel. Zeige an der Wortwahl, auf wessen Seite das Recht, auf wessen Seite die brutale Gewalt stehen.
- Wolf und Lamm werden je einmal mit einem anderen Begriff umschrieben. Welche Wirkung wird so beim Leser erzielt?
- Wodurch gelingt es dem Dichter, dem Leser sinnfällig die Positionen der beiden Kontrahenten abzubilden?
- Wie setzt sich das Lamm zur Wehr?

I 2

- Die Fabel ist in einen historischen Kontext eingebettet. Welche Aufgabe erfüllt dieser Kontext für die Fabel?
- Wieso wäre es »verkehrt«, bei der Übersetzung die lat. Götternamen zu übernehmen?
- An wen ist das Epimythion gerichtet?
- Durch welche beiden Begriffe veranschaulicht Phaedrus in den Versen 25/26 die Aussichtslosigkeit der Flucht ?
- Warum verwendet der Dichter in V. 26 fugitant statt fugiunt?

I 3

- Wie differenziert der Autor in den beiden Schlussversen die zweifache Demütigung der Krähe?
- Welche Rolle spielt in den Schlussversen die Tempusgebung?
- Mit welchen vier Begriffen zeichnet der Dichter ein negatives Bild der Krähe?
- Mit welchen Begriffen variiert der Autor die Wörter contemnens – maerens – contentus fuisses?
- Mit welchen Verben beschreibt Phaedrus das Missgeschick der Krähe?

I 4

- Welche zweifache Antithese prägt den Vers 1?
- Wie macht Phaedrus dem Leser diese Antithesen optisch und akustisch bewusst?
- Begründe vom Inhalt die personifizierte aviditas. (Vers 5)

I 5

- Zeige, dass die Verse 3 und 11 die Schlüsselwörter zum Verständnis der Fabel enthalten.
- In de officiis I 8, 26 zitiert Cicero einen Enniusvers: »Nulla sancta societas nec fides regni est«. Setze diesen Vers in Bezug zum Inhalt der Fabel.
- Welche Funktion hat das personifizierte Abstraktum improbitas im Schlussvers?
- Zeige in der Argumentationskette, mit der der Löwe alle vier Teile für sich beansprucht, eine inhaltliche Klimax.

I 6

- Zeige, dass diese »Fabel« keine Fabel im engen Sinn ist und eher zur literarischen Textsorte der Anekdote zählt.
- Wenn man die Fabel als Satire auf den Prätorianerpräfekten Seianus auffasst, was wäre dann die Nachricht des Autors an den Leser?

I 7

- Epigramme sind oft Zweizeiler, die im ersten Vers über einen unverfänglichen Sachverhalt informieren, im zweiten Vers daraus jedoch eine für den Leser überraschende Pointe formulieren. Zeige den epigrammatischen Charakter auf.
- Inwiefern kann man sagen, dass das interpretierende Epimythion die Pointe tötet?

I 8

- Warum wählt Phaedrus in Vers 8 den Ausdruck colli longitudinem statt collum longum?
- Welche beiden Fehler begeht der Kranich bezogen auf das Promythion?
- Die Fabel lässt sich in vier Abschnitte zu je 3 Versen gliedern. Welche Konnektoren geben diese Gliederung vor?
- Beschreibe den Inhalt der vier Abschnitte jeweils in einem kurzen Satz!

- Mit welchen Ausdrücken variiert Phaedrus jeweils zweifach die Wörter pretium und desiderat in Vers 1?

I 9

- Zeige, dass das Promythion den Inhalt der Fabel gar nicht trifft!
- Wie ist das Verhalten des Spatzen gegenüber dem Hasen zu beurteilen?
- Interpretiere die Verwendung der Präsensformen der Verse 5 und 6.

I 10

- Welches deutsche Sprichwort trifft den Inhalt des Promythions?
- Stelle aus der Fabel eine lateinische Wortliste zu dem Sachfeld »Gericht« zusammen.

I 11

- Mit welchen beiden lat. Begriffen variiert Phaedrus das Wort asellus?
- Belege am Text, dass asellus keine Deminutivfunktion hat.
- Nenne vier lat. Begriffe, mit denen die Wirkung des Löwen bzw. Esels auf die Tiere beschrieben wird.
- Zeige an der lat. Formulierung der Verse 7 und 12 Variatio und Antithese.

I 12

- Zeige die Klangmittel auf, mit denen der Dichter die spielerische Flucht des Hirsches in den Versen 7–9 hervorhebt.
- Welche Situation auf der Flucht bildet Phaedrus duch die Wortfolge retentis impeditus cornibus ab?
- Zeige in den beiden Schlussversen die chiastische Wortstellung und interpretiere ihre Verwendung vom Inhalt der Fabel her.
- Welche Klangfiguren heben den Schlussgedanken des Hirsches noch hervor?

I 13

- Die Handlung der Fabel selbst lässt sich wieder in drei jeweils gleich lange Teile gliedern. Zeige diese auf und beschreibe ihren jeweiligen Inhalt mit einem kurzen Satz.
- Welche Rolle spielt der Schlussvers, und wie hebt der Dichter die Dummheit des Raben sprachlich hervor?

- Zeige, dass die Charakterisierung des Raben als stultus (V. 9) und stupidus (stupor V. 12), sowie des Fuchses als dolosus (V. 11) für den Leser schon im Promythion vorbereitet wird.
- Beschreibe die Strategie, die der Fuchs anwendet, um an den Käse heranzukommen.

I 15

- Zeige, dass zwischen den Versen 7/8 und 10 eine chiastische Wortstellung vorliegt.
- clitellae sind Tragekörbe, die beidseitig auf dem Rücken des Esels liegen. Durch welche Stellungsfigur wird das dem Leser zweimal sichtbar vor Augen geführt?
- Mit welchen drei lat. Begriffen charakterisiert Phaedrus den alten Hirten?
- Inwieweit lässt sich aus dem Promythion ablesen, für welchen Leserkreis diese Fabel Gültigkeit besitzt?

I 21

- Mit welchen Stilmitteln hebt Phaedrus die Altersschwachheit des Löwen hervor?
- Mit welchen Worten hebt der Dichter die tödliche Feindschaft zwischen Stier und Löwe hervor?
- Mit den Wendungen »spiritum extremum trahens« und »exspirans« variiert der Autor den Sachverhalt »Löwe liegt in den letzten Zügen«. Begründe vom Textinhalt die Kürze der zweiten Wendung.

I 22

- Zeige an je zwei lat. Wörtern drei Beispiele für variatio.
- Durch welches Stilmittel hebt der Dichter die Mäuseplage hervor?
- Zeige im Epimythion die Personifikation eines Abstraktums.

I 23

- Durch welche Formulierung wird die Wendung »repente liberalis« in der Fabel variiert, durch welche »irritos« ?
- Inwiefern zeigt sich der Hund als peritus?

I 24

- Inwiefern sind die Froschkinder die Gegenspieler des Frosches?
- Zeige an den lat. Begriffen, wie Phaedrus die Dimension Größe variiert.

- Zeige im Schlussvers ein Hyperbaton und begründe inhaltlich seine Verwendung.

I 26

- Periphrase ist die Umschreibung eines Begriffes durch seine charakteristischen Merkmale. Mit welcher Formulierung wird der Storch einmal umschrieben?
- Wie macht der Dichter im Eingangsvers dem Leser deutlich, wer die Gegenspieler in der Fabel sind?
- Begründe, warum revocare hier die Bedeutung »im Gegenzug einladen« hat.
- Zeige, dass die Äußerung des Storches auch als Epimythion verstanden werden kann.

I 28

- Zeige, dass die Begriffe sublimis und humilis (Vers 1) im übertragenen Sinn zu verstehen sind.
- Zeige, dass im Schlussvers der Begriff supplex sowohl räumlich als auch übertragen zu verstehen ist und inwiefern der Adler mit diesem Vers auf seinem Tiefpunkt gelangt ist.
- Gliedere die Fabel in der Versverteilung auf die beiden Akteure und interpretiere die Verteilung.

I 31

- Zeige, dass in dem Promythion der politische Aspekt der Fabel nicht zum Tragen kommt.
- Zeige an drei Kernbegriffen den gesellschaftspolitischen Charakter der Fabel.
- Mit welchen vier Begriffen zeichnet der Autor das negative Porträt des Falken?
- Welche Einstellung zur Monarchie verrät die Fabel?

II Prologus

- Welche Formulierung aus dem Prolog des ersten Buches nimmt die Wendung »capiat aurem et servet propositum suum« auf?
- Zeige, dass in V. 8 eine Antonomasie vorliegt.
- Was erwartet der Leser nach den Versen 14/15, und welche Funktion haben dieses Verse für das, was folgt?
- Wie begründet der Autor seine Abweichungen von seiner Vorlage?
- Welches Motiv aus dem Prolog des 1. Buches greift der Autor in seiner Begründung wieder auf?

II 4

- Durch welche sprachlichen Mittel charakterisiert der Dichter die enge Wohngemeinschaft der drei Tiere, und wie führt er dem Leser die unterschiedlichen Wohnlagen vor Augen?
- Mit welchen Klangmitteln macht Phaedrus in den Versen 4/5 die Zerstörung der Gemeinschaft durch das Wirken der Katze bewusst?

II 5

- Welche Stilfiguren sind in der Formulierung »multa agendo nihil agens« enthalten, und inwiefern wird damit der in Vers 1 aufgeführte Vertreter einer bestimmten Sorte Mensch charakterisiert?
- Was fehlt dem Text, um ihn der Gattung Fabel zuzuordnen? In welche Textgattung wäre er eher einzuordnen?

II 6

- Inwiefern liegt in Vers 12 mit der Wendung »altis ab astris« eine Hyperbel vor?

II 7

- Interpretiere in den Versen 5/6 die verwendeten Stilfiguren zur Charakterisierung der beiden Tiere.
- Zeige und interpretiere in Vers 12 die doppelte Litotes

II 8

- Mit welchem sprachlichen Mittel macht Phaedrus dem Leser in den Versen 11–13 das Kommen und Gehen der verschiedenen Menschen bewusst?
- Inwiefern charakterisiert in den Versen 22–24 das Asyndeton in den Fragen den dominus?

II Epilog

- Wofür stehen in den Versen 8/9 die Abstrakta Latium und Graecia?

III 1

- Welchen Informationswert hat für den Leser das Attribut nobili in Vers 2 im Zusammenhang mit der Information Falerna?
- Deute im Textzusammenhang die Verwendung des Hyperbatons »totis naribus« (Vers 4).

III 2

- Mit welchem Stilmittel macht Phaedrus die rasche Handlungsfolge in den Versen 2–4 bewusst?

- Interpretiere die Verwendung von Alliteration, Homoioteleuton und Asyndeton in den Versen 12/13 im Zusammenhang des Geschehens.

III 5

- Zeige, dass in Vers 7 die Wortwahl »dignum praemium« ironisch bzw. zweideutig aufzufassen ist.

III 6

- Zeige, dass die Verse 5–7 Periphrase für einen einzigen Begriff sind.

III 7

- Zeige in Vers 2 Antithese und Chiasmus.
- Wie gelingt es dem Dichter, ohne ein einziges Verb des Redens zu verwenden, den Dialogcharakter der Verse 11–25 deutlich zu machen, sodass der Leser weiß, wer jeweils spricht?

III 9

- Zeige den anekdotischen Charakter dieser Fabel
- Welche Aufgabe erfüllen die Verse 3–4 ?

III 12

- Setze die Redewendung »Perlen vor die Säue werfen« in Bezug zum Inhalt und zum Epimythion der Fabel

III 16

- Was versteht der Autor im Promythion unter humanitas ? (Vers 1)
- Worin besteht die im Promythion erwähnte superbia der Grille? (Vers 2)

III 18

- In welchen Versen wird die Lehre formuliert, die aus der Fabel zu ziehen ist.?
- Welchen Bezug hat zu dieser Lehre unser Sprichwort »Schuster, bleib bei deinen Leisten!«?
- Mit welchen Stilmitteln macht in Vers 6 Juno dem Pfau deutlich, dass er schon reichlich von den Göttern mit Vorzügen bedacht worden ist?

III 19

- Warum charakterisiert Phaedrus in Vers 7 den Fragesteller als garrulus?
- Zeige den Bezug zwischen der Antwort des Aesop (Vers 9) und dem Vers 11?

IV 1

- Welche vier Begriffe legen im Promythion das Thema der Fabel fest?
- Welche plagae sind in Vers 6, welche in Vers 11 gemeint, und welche Stilfigur verbindet beide Begriffe (zusätzlich zu mortuus – mortuo)?

IV 2

- Zeige, dass hinter den Versen 1–9 die im Prolog des 1. Buches (Verse 3 und 4) genannte doppelte Zielsetzung der Dichtung des Phaedrus steht.
- Versuche selbst eine Formulierung des »fabula docet«.

IV 3

- Mit welchen Stilmitteln macht Phaedrus in der Formulierung »summis saliens viribus« die Kraftanstrengungen des Fuchses deutlich?
- Wieso entlarvt der Fuchs mit seiner Aussage sich selbst als Versager?

IV 4

- Pferd und Reiter sind die Gegenspieler in der Fabel. Wie macht der Dichter dies dem Leser klanglich und optisch deutlich?

IV 8

- Welche Besonderheit bietet diese Fabel hinsichtlich der Akteure?

IV 9

- Welches gleiche Stilmittel verwendet Phaedrus in den Versen 4 und 12? Begründe die Verwendung jeweils aus dem Versinhalt.
- Welche Stellungsfigur liegt vor in Vers 1? Begründe ihre Verwendung!

IV 10

- Eine Aitiologie ist die Begründung eines irdischen Sachverhaltes durch eine mythische Erzählung. Weise dies an der Fabel nach.
- In der Bergpredigt sagt Jesus: »Was siehst du aber den Splitter in deines Bruders Auge und nimmst nicht wahr den Balken in deinem Auge?« Zeige einen inhaltlichen Bezug zur Fabel auf.

IV 12

- Nach einer Erzählung des Sophisten Prodikos hatte Herakles, vor die Wahl gestellt zwischen einem Leben in Reichtum (auf dem breiten Weg des Lasters) und einem Leben voller Mühen mit dem Lohn der Unsterblichkeit (auf dem schmalen Pfad der Tugend), sich für das letztere entschieden. Zeige an der Antwort des Herakles den Bezug dieser Fabel zur Erzählung des Prodikos.
- Informiere dich in einem Lexikon der Mythologie über die Abstammung des Pluto und weise nach, dass die Formulierung »Fortunae filius« nur im übertragenen Sinne zu verstehen ist.

IV 18

- Ein Grundzug stoischer Philosophie ist das Bewahren »stoischer« Ruhe in extremen Lebensituationen, also weder zu große Trauer noch zu große Freude zu zeigen. Weise den stoischen Einfluss in dieser Fabel nach.
- Mit welchen sprachlichen Mitteln macht Phaedrus das Extremverhalten der Menschen in den Versen 4 und 7 deutlich?

IV 20

- Woher weiß der Leser auch ohne Subjektangabe, wer in Vers 4 Subjekt ist?
- Welches Wort aus dem Promythion wird in der Antwort der Schlange variiert?
- Welche Redewendung passt zu dieser Fabel?

IV 23

- Das Promythion definiert Reichtum als Geistesbildung, predigt also vordergründig das kynische Ideal der Besitzlosigkeit. Inwiefern erfüllt die Erzählung über Simonides nicht die im Promythion geweckte Lesererwartung?
- Zeige den Zusammenhang zwischen dieser Anekdote und dem geflügelten Wort: »Omnia mea mecum porto«, das Cicero (Paradoxa I 1,8) dem griechischen Philosophen Bias zuweist.

IV 24

- Warum wählt Phaedrus für das »fabula docet« die Konstellation Berg – Maus?

- Wie macht Phaedrus im Epimythion den Widerspruch zwischen der Ankündigung und dem tatsächlichen Ereignis sprachlich bewusst?

V 10

- Formuliere die Lehre, die Philetos aus der Fabel ziehen soll.

APP 3

- Gib dem Gedicht eine Überschrift
- Die Fabel hat ein Promythion und ein Epimythion. Begründe, warum das Epimythion eher authentisch ist als das Promythion

APP 5

- Zeige den aitiologischen Charakter dieser Fabel auf.
- Setze unser Sprichwort: »Lügen haben kurze Beine« in Bezug zu dieser Erzählung.

APP 12

- Zeige, dass die Fabel aus vier Abschnitten besteht und benenne jeden Teil mit einer Überschrift.
- In welcher Rolle tritt Aesop auf, und welche Funktion hat die von ihm erzählte Fabel?

APP 13

- Formuliere das »fabula docet« dieser Geschichte.

APP 21

- Welche Funktion hat für den Verlauf der Fabel die Bezeichnung des Pferdes als »multis palmis nobilem« und im gleichen Zusammenhang die Sperrstellung des Attributs ? (Vers 1)
- Welche Informationen stehen dazu in Opposition?

APP 24

- Setze die Fabel in Beziehung zum Sprichwort: »Der Anblick spricht Bände«.

APP 26

- Welche Erfahrung im menschlichen Leben könnte hinter dieser Fabel stehen?

Literaturverzeichnis

Ein umfassendes Verzeichnis bieten **N. Holzberg**, Die antike Fabel, Darmstadt 1993 und **E. Oberg**, Phaedrus-Fabeln, Zürich (Artemis) 1996

Textausgaben und Übersetzungen

- Dithmar, R.: Fabeln, Parabeln und Gleichnisse; Beispiele didaktischer Literatur, herausgegeben, eingeleitet und kommentiert, München (dtv) 1988, 8. Aufl.
- Guaglianone, A.: Phaedri Augusti liberti liber fabularum, Torino 1972
- Irmscher, J.: Antike Fabeln. Griech. Anfänge, Äsop. Fabeln in röm. Literatur. Phaedrus, Babrios,
- Romulus. Avian, Ignatios Diakonos. Aus dem Griech. u. Lat. übers., Berlin 1991
- Oberg, E.: Phaedrus, Fabeln, lat. – dt., Zürich 1996
- Perry, B.E.: Babrius and Phaedrus. Newly ed. and transl. into Engl., Cambridge (Mass.), London (Loeb Classical Library) 1965
- Poser, Th.: Fabeln, Arbeitstexte für den Unterricht, Stuttgart 1985
- Riedel, V.: Phaedrus, Der Wolf und das Lamm, Fabeln; lat. und dt., Leipzig 1989
- Schnur, H.C.: Fabeln der Antike. Griech. – lat. – dt., hrsg. u. übers. München – Zürich 1985
- Schönberger, O.: Phaedrus, liber Fabularum. Fabelbuch, lat. und dt. v. Fr. Rückert u. O. Schönberger, Stuttgart 1987

Schulausgaben

- Phaedrus, Fabeln, Text und Kommentar, hrsg. von Otto Leggewie, Münster 1994

– Phaedrus, Fabeln »stark – schwach«, ausgew., bearb. u. illustriert von Wulf Mißfeldt, Text-/Arbeitsheft und Lehrerkommentar, Stuttgart 1990
– Exemplis discimus – Phaedrus' Fabeln und Beispiele ihrer Bearbeitung durch La Fontaine, Lessing, Gleim und Schlegel, bearb. v. K. H. Eller, hrsg. v. N. Zink, Frankfurt a. M. 1990
– Phaedrus, Fabeln, bearb. v. G. Flemming, ratio Bd. 33, Bamberg 1994

Sekundärliteratur

Allgemein

– Dithmar, R.: Die Fabel, Paderborn, UTB 73, 1988
– Leibfried, E.: Fabel, Realien zur Literatur Bd. 66, Stuttgart 1982
– Holzberg, N.: Die antike Fabel, eine Einführung, Darmstadt 1993
– Lutz, R. , Müller U.: Stundenblätter Fabeln, Stuttgart 1992
– Schnur, Harry C.: Lat. Fabeln des Mittelalters lat. – dt. München 1978, S. 7–20
– Sternberger, D.: Figuren der Fabel, Frankfurt a.M. 1990

Speziell

– Amelung, P.: Der Ulmer Aesop von 1476/77, Kommentar, Graz (Libri illustri) 1995, S. 5 – 27
– Ausserhofer, M.: Braucht die Jugend noch Fabeln? – Überlegungen zu einer schülergerechten Lektüre; Materiallen zu einem Vortrag auf dem Kongress der DAV in Jena am 10. 4. 1996 (Typoskript)
– Burnikel, W.: Von einem besonderen Nutzen der Fabeln in den Schulen, in: Anregung 37 (1991), S. 365 – 378
– Christes, J.: Reflexe erlebter Unfreiheit in den Sentenzen des P. Syrus und den Fabeln des Phaedrus, in: Hermes 107 (1979), S. 199–220

- Crusius, O.: Avianus, in: RE II 2, Sp. 2373–2378
- ders.: Babrios, in: RE II 2, Sp. 2655–2667
- Currie, H. Mac: Phaedrus the fabulist, in: Aufstieg und Niedergang der röm. Welt II 32, 1. S. 497–513
- Dams, P.: Dichtungskritik bei nachaugusteischen Dichtern, Diss. Marburg 1970 (S. 96–113: Phaedrus)
- Eschbach, M.: Die Fabel im modernen Deutschunterricht, Paderborn 1967
- Hausrath, A.: Fabel, in: RE 12, Sp. 1704–1736,
- Holzberg, N.: Phaedrus in der Literaturkritik seit Lessing. Alte und neue Wege der Interpretation, in: Anregung 37 (1991), S. 226–242
- Josifovic, S.: Aisopos, in: RE Suppl. 14, Sp. 15–40
- Koep, L.: Fabel, in: Reallexikon für Antike und Christentum, Bd 7, Sp. 129–154
- Korzeniewski, D.: Zur Verstechnik des Phaedrus, in: Hermes 98 (1970), S. 430–458
- Koster, S.: Phaedrus, Skizze seiner Selbstauffassung, in: P. Neukam (Hrsg.): Die Antike im Brennpunkt, München (Dialog Schule – Wissenschaft. Bd 25) 1991, S. 59–87,
- Payrhuber, F.-J.: Wege zur Fabel, Didaktisches Konzept für eine variationsreiche Behandlung, Freiburg i.Br. (Herderbücher 9313) 1978
- Thiele G.: Phaedrus-Studien, in: Hermes 41 (1906), S. 562–592; 43 (1908), S. 337–372; 46 (1911), S. 376–392,

Abkürzungen

Abl.	Ablativ
aci	accusativus cum infinito
adj.	adjektivisch
Adv.	Adverb
Akk.	Akkusativ
alqd	aliquid
alqm	aliquem
a. p.	ars poetica
a. u. c.	ab urbe condita
Dat.	Dativ
d.h.	das heißt
dir.	direkt
dopp.	doppelt
erg.	ergänze
ersch.	erschienen
etw.	etwas
explik.	explikativ
f.	feminin
fin.	final
FS	Fragesatz
Gen.	Genitiv
gest.	gestorben
gr.	griechisch
GZ	Gleichzeitigkeit
Imp.	Imperativ
indir.	indirekt
Inf.	Infinitiv
Jh.	Jahrhundert
jmdm	jemandem
jmdn	jemanden
Kap.	Kapitel
kaus.	kausal
Konj.	Konjunktiv

Inhalt